말라카

말라카

초판 1쇄 발행 2020년 11월 27일

지은이 파라하나 슈하이미
옮긴이 정상천
펴낸이 강수걸
편집장 권경옥
편집 박정은 윤은미 강나래 최예빈
디자인 권문경 조은비
펴낸곳 산지니
등록 2005년 2월 7일 제333-3370000251002005000001호
주소 부산시 해운대구 수영강변대로 140 BCC 613호
전화 051-504-7070 | 팩스 051-507-7543
홈페이지 www.sanzinibook.com
전자우편 sanzini@sanzinibook.com
블로그 sanzinibook.tistory.com

ISBN 978-89-6545-681-0 03910

* 책값은 뒤표지에 있습니다.
* 이 도서의 국립중앙도서관 출판예정도서목록(CIP)은 서지정보유통지원시스템
홈페이지(http://seoji.nl.go.kr)와 국가자료공동목록시스템(http://www.nl.go.kr/
kolisnet)에서 이용하실 수 있습니다.(CIP제어번호: CIP2020047851)

KESULTANAN MELAYU MELAKA

15세기 동남아 무역왕국
말라카

파라하나 슈하이미 지음 ✦ 정상천 옮김

헌사

나의 모든 작업을 가능하게 해준
가딩 베루투아에게 이 책을 헌정합니다.

서문

"누구든 말라카의 통치자가 되는 사람은 베니스의 목에 손을 얹게 된다."

위의 경구는 한 포르투갈 약재상*이『동쪽으로 가라(Suma Oriental)』에서 언급한 역사적 서술이다. 1515년 말라카는 베니스에 비견되는 세계무역의 중심지였다. 한편으로 베니스는 무역 면에서 포르투갈 제국의 맹렬한 경쟁 상대였다. 포르투갈이 말라카를 통치하기 위해 식민지 원정에 착수한 것은 이를 통해 동양에서 오는 모든 상품, 특히 향신료에 대한 베니스의 독점을 깨트릴 수 있기 때문이었다.

오늘날 베니스를 방문하는 관광객들은, 눈길을 사로잡는 베니스의 역사적 유물과 유산들을 보면서 과거의 영광스러운 이미지

---

* 토메 피레스(Tomé Pires): 중국을 비롯한 동방 여러 나라에 대한 포르투갈의 지배욕을 드러낸『동방제국기(東方諸國記)』의 저자. 포르투갈 태생으로 리스본에서 동방으로부터 수입되는 향료를 취급하는 약재상이었다. ―역주

를 포착하게 된다. 투칼레 궁전은 공화국(Most Serene Republic) 시대의 가장 고귀한 왕좌가 있었던 곳으로 지금도 여전히 베니스의 해안가 절벽 위에 위풍당당하게 위치하고 있다. 그러나 동양의 베니스에 대해서는 설명할 만한 것이 아무것도 남아 있지 않다. 말라카는 대단한 미스터리였고, 그 진면목은 역사 속에 묻혀 있다.

우리가 가끔 읽는 역사적 기록들은 15세기 말라카의 명성과 번영에 대한 실마리를 제공하고 있다. 영광의 최정점에 있을 때 말라카의 인구는 런던의 인구를 넘어섰다. 10만 명 정도의 인구를 가진 말라카는 거의 베니스 수준에 도달하는 도시였다. 말라카는 요즘의 상하이나 싱가포르와 유사한, 동양과 서양을 연결하는 주요 수출입항이었다. 그곳은 전 세계 항해자들의 명소였다. 그러한 이유로 말라카는 말레이어가 국제어로 통용되는 가운데 84개의 외국어를 사용하는 국제적인 도시였다.

그러나 이러한 사실은 말라카가 한때 이루었던 포괄적인 사회현실을 보여 주지는 못한다. 그 경제는 어떠하였던가? 주요 수출상품은 무엇이었는가? 말라카의 제국 군대는 얼마나 강성하였던가? 공공행정이 잘 집행되고 있었던가?

파라하나 슈하이미가 쓴 이 책은 이러한 질문들에 대한 답을 주기 위해 출간되었다. 이 책은 『말레이 연대기(Sulalatus Salatin)』, 『인도의 전설(Lendas da India)』, 『동쪽으로 가라(Suma Oriental)』와 같은 고문서 모음집의 총체이다. 이 책의 또 다른 자료원은 『말레이 술탄국의 기술(Teknologi Kesultanan Melaka)』이나 『말레이 술탄국의 행정: 출현과 영광(Pentadbiran Kesultanan Melayu Melaka: Kemunculan dan Kegemilangan)』 같은 현대 책자이다. 어떤 의미에서 이 책은 별로 알려지지 않은 말라카의 다양한 면모를 볼 수 있는 완벽한 백과사전이다.

저자는 도시경관, 상속제도, 행정, 경제, 전쟁, 교통, 놀이, 부패, 사랑, 법, 종교를 포함한 다양한 주제를 다루고 있다. 말라카에는 관심이 있지만 『말레이 연대기』나 『항 투아 영웅 전설(Hang Tuah Saga)』 같은 묵직한 기록적인 연설에 질린 사람들에게 이 책은 친절한 대안을 제공한다. 이 책은 사람들의 마음에서 잊혀진 말라카의 명성을 되찾기 위한 문화적 노력으로, 광범위한 영역을 개척하기 위해 '말라카'로 번역되었다.

외교와 군사에 특별한 관심이 있는 사람으로서 나는 "말라카와 전쟁" 장에서 연대순 전개에 매우 깊은 감명을 받았다. 저자는 도시국가의 운명을 결정지은 말라카-포르투갈 전쟁에 대한 탁월한 사건 전개를 성공적으로 구성하였는데, 다른 많은 것과 함께 『말레이 연대기』, 『알부케르크: 동양의 시저(Albuquerque: Caesar of the East)』, 『포르투갈인들이 바다와 동양에서 이룩한 행동, 발견, 그리고 정복에 관하여(On the Deeds and Discoveries and Conquest Made by the Portuguese in the Seas and Eastern Lands)』와 같은 책에 기반하고 있다.

서술의 체계성은 이 역사적 사건에 대해 완벽하게 묘사하고 있

다. 마지막으로, 말라카와 그 영광에 대한 대중들의 눈을 뜨게
한 파라하나 작가의 순수한 행위에 축하와 감사의 말을 전한다.
말라카 해협과 주변지역의 통치자였던 우리의 조상들이 살아온
궤적을 재건하는 꿈과 노력으로 말라카의 위대한 이야기 속으로
헤엄쳐 보자.

아이만 라쉬단 윙
(『벽이 없는 세계』를 쓴 베스트셀러 작가)

추천사

    말라카는 역사에서 중요한 이름이다. 이는 14세기와 15세기에 수준 높은 문명을 이룩한 말레이의 도시이다.

    이 도시는 중국의 명 왕조나 포르투갈의 아비스 왕조와 같은 세계 강대국들로부터 일종의 인정을 받았다. 말라카의 몰락 이후 이에 대한 이야기는 마치 진주가 매듭에서 튕겨 나오는 것처럼 글로써 세상에 퍼져 나갔다.

    이 책은 말레이 문화에 대한 잃어버린 사랑을 다시 연결하기 위해 모든 조각들을 재수집하였다. 현세대 사람들이 배울 수 있도록, 그리고 확실한 이해를 도울 수 있도록 말라카에 관한 모든 기록된 글들을 다시 다듬었다. 다른 기록물과 함께 말레이어와 포르투갈어로 된 말라카의 역사적 사건들을 수집하였고, 독자들이 읽기 편하게 단일한 요약본으로 편집하였다.

    "사건이 일어난 것에 기초하여 역사를 서술하라"는 역사 철학에 따라, 이 책은 공적으로 인정된 자료에 근거하여 말라카의 모습을 일관되게 그려내고자 하였고, 말라카가 신화였다는 잘못된 주장을 바로잡고자 하였다. 이 책이 말레이 사람들에게 애국심의 씨앗을 뿌리고, 의심의 여지없이 자신감과 자존감을 일깨우기를 희망한다.

속담에도 있듯이 이미 엎지른 물을 두고 한탄해 봐야 소용이 없는 일이다. 그러나 말라카는 말레이 문화에 있어서 기억할 만한 성취이다. 그 사실을 잊어서는 안 된다. 그 당시 시민들이 향유한 평화, 조화, 정의, 그리고 번영은 모두의 이익을 위하여 다시 재현되어야 한다. 나는 이 책이 일반 대중뿐만 아니라 젊은 세대들에게도 가능한 한 많은 정보를 제공하기를 바란다.

아흐마드 알리 세만 박사

(말레이시아 국립대, 역사 프로그램 책임자)

목차

서문 · 7

추천사 · 11

1. 말라카: 도시와 사람 · 15

2. 말라카 왕위 상속과 계승자들 · 33

3. 말라카의 귀족과 지방 · 53

4. 말라카와 경제 · 93

5. 말라카와 전쟁 · 111

6. 말라카와 교통 · 171

7. 말라카와 놀이 · 181

8. 말라카와 부패 · 187

9. 말라카와 사랑 · 193

10. 말라카와 법률 · 201

11. 말라카와 이슬람 · 235

파라하나 슈하이미 인터뷰 · 252

참고문헌 · 256

일러두기
-참조한 자료는 각 글의 말미에 괄호로 표시하였다.

1
말라카:
도시와 사람

1　툰 하산 테멘궁(Tun Hassan Temenggung)은 말레이시아
　전통의상인 바쥬 말라유(Baju Melayu)의 기장을 처음으로
　개선하였다.

　　그는 말라카의 총리(Bendahara)를 역임한 툰 무타히르의 아
들이었다. 그는 기존의 짧은 셔츠 소매를 더 길고 넓게 만들었다.
　그러나 19세기에 그 복장은 새로운 혁신을 겪게 되었다. 현재
의 옷 매무새는 어떤 의미에서는 요즘의 추세에 맞추어 간소화
되었다. 오늘날 바쥬 말라유는 종교적인 행사, 특히 말레이시아
의 공식 행사에서 일반적으로 입는 옷이 되었다. 그러나 말레이
시아 사람들 중 소수 그룹은 그 편안함으로 인해 바쥬 말라유를
일상복으로 입기도 한다.(『말레이 연대기』, 크루센스턴 판)

2　포르투갈은 말라카의 진정한 부(富) 가운데 기껏 3분의 1
　만 약탈하였을 뿐이다.

　　소문에 의하면 나머지 3분의 2는 도시 지하에 있는 단단

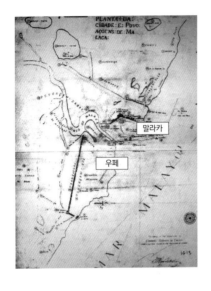

한 벽으로 된 금고에 보관되어 있었다고 한다. 주변 국가조차도 이 보물을 지키고 있는 것으로 여겨졌다. 말라카의 통치자들은 몰락하기 전에 경제적 불황을 겪어본 적이 없었다. 모든 행정부는 제국의 부를 창출하는 것을 반대하는 국가로부터 조공, 무역, 그리고 약탈을 우선시하였다.

모든 술탄은 제국의 부가 증가하는 것을 보여 주기 위해 별도의 금고를 관리하였다. 술탄 알라우딘 샤는 금고에 금으로 추정되는 귀중한 금속을 3톤이나 보관하고 있었다. 이 모든 부(富)는 포르투갈로 가는 배에서 약탈한 것들이었다.(『인도의 전설』)

3   말라카 북부에 있는 우페섬(Upeh Island)은 과거에 주로 인도, 중국, 자바에서 온 상인들로 붐볐던 곳이다.

포르투갈의 점령 이후 이 지역은 요새 도시를 의미하는 트란키에라(Tranquiera)로 명명되었다.

우페는 정착뿐만 아니라 적이 공격할 경우 방어선의 일부를 구성하는 목적으로 이용되었다. 우페 주위에 있는 모든 집은 상업 목적의 베란다가 있는 집으로 개조되었다. 집주인들은 그 부분을 다른 상인들에게 팔거나 전세 줄 수 있었다. 상업지역은 특정한 지역에 국한되었고, 도시의 중심 도로로 나올 수 없었다.

이 법을 위반하는 상인들은 벌금에 처해졌다.(『알부케르크: 동양의 시저』)

4 ⁄ 도시 외곽에 사는 사람들은 열대과일 나무로 둘러싸인 큰 집에서 살았다.

그들은 물탱크라는 매우 훌륭한 물 관리 시스템을 가지고 있었다. 또한 교외나 시골문화와는 대비되는, 수입 창출을 위한 상점을 도시에 가지고 있었다. 사업을 하는 사람들이 모두 상업지역인 우페에 살지는 않았으며, 동쪽이나 남쪽의 다른 정착촌에도 많이 살았다.

이들 정착촌들은 상당히 훌륭한 배수와 하수 시스템을 갖추고 있었다. 말라카인은 계속해서 깨끗한 물과 하수 탱크 시설을 갖추고 살았는데, 바로 이런 이유로 말라카에는 옛 영국령 동남아시아의 다른 해협 식민지에 비하여 치명적인 전염병이 적었다. 말라카인들은 또한 강 가까이에 살았는데, 이것은 하수 재활용 기법에 많은 기여를 하였다.(『두아르테 바르보사Duarte Barbosa의 책』)

5   말라카인들은 강둑을 따라 무역 창고를 지었다.

이 튼튼한 저장소들은 화재에 강한 특성 덕분에 포르투갈의 공격에도 멀쩡하였다. 그들은 강어귀를 따라 귀중품들을 보관하였고 그중 일부는 도시 주변에 있는 과수원에도 숨겼다. 이런 화재 방지 요인들은 무역상품에 대한 안전이나 보안과 관련한 행정담당자들의 명확한 인식을 잘 보여 주고 있다.

이와 같은 세심한 접근 때문에 무역상들의 신뢰는 항상 매우 높았고, 이는 전 세계의 무역을 촉진시켰다. 이 항구도시의 상인들은 두 개의 그룹, 즉 서양 상인과 동양 상인으로 분류되었다.

그들은 서로 간의 교역에 매우 적극적이었고, 이에 따라 서로 다른 시기에 도착하는 상품에 대한 대금 지급 연기 제도도 발생하였다. 모든 무역 그룹은 다른 무역상인들이 도착하거나 그들이 집으로 돌아갈 수 있도록 돕는 계절풍을 기다려야 했다.

따라서 그러는 동안 상품을 저장하기 위한 창고가 중요하였다. 적절히 보살피지 않으면 열대기후가 이들 상품에 손상을 줄 수 있었다. 정부는 이 창고들이 도시와 제국의 경제적 근간이 될 수 있도록 준비하였다.(『포르투갈인들이 바다와 동양에서 이룩한 행동, 발견, 그리고 정복에 관하여』)

6   말라카의 왕실은 지하에 창고와 금고를 가지고 있었다.

저장 장소는 술탄의 금과 은을 보관하기에 충분히 넓었다. 그것은 궁궐이 불에 탄 후에도 파괴되지 않았다. 불타는 잔해더미에서 포르투갈인들은 이 네트워크를 발견할 수 있었다. 궁궐은 단순히 저택이나 행정 관리 목적으로만 건설된 것은 아니었고, 말라카 술탄들의 개인 보관 용도로도 지어졌다.

궁궐은 건물의 지상과 지하를 포함하는 복합건물 형태였다. 모든 궁궐은 똑같은 건축형태를 지녔고, 각각의 술탄들은 서로 상이한 종류의 자산을 보관하고 있었다고 믿어지고 있다. 툰 세리 라낭(Tun Seri Lanang)은 이 말라카 궁궐의 복잡성에 대해서 전혀 언

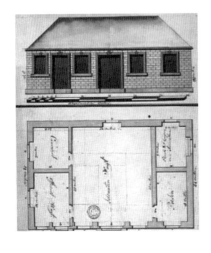

급하지 않았지만, 포르투 갈인들은 이에 대해 확인을 해 주었다. 이런 종류의 공간은 매우 실효성이 있는 것으로 판단되고, 전 세계에 걸쳐 대부분의 중요한 정부들이 짓고 있는 것이기도 했다. 이는 또한 재산의 안전에 대한 관리비를 감소시켰고, 이렇게 해서 동시에 말라카 왕실의 진짜 부(富)에 대한 비밀을 잘 지킬 수 있었다.(『인도의 전설』)

7 말라카의 술탄은 집을 상점으로 활용할 수 있도록 개조를 허용하였다.

개조된 현관은 사람들로 하여금 간선도로를 따라 독립된 영업활동을 하여 수입을 창출할 수 있도록 하는 기회를 제공하였다. 도시 근처에 사는 사람들은 적극적으로 소매업과 무역에 참여하였다.

그러나 말라카의 농업은 말레이 반도의 다른 지역에 비하여 활발하지 않았다. 약간의 불이익은 말라카 사람들이 극복할 수 있는 것으로서, 도시 외곽 지역은 늪지대에 있었지만, 말라카의 도시는 언덕 위에 있었다. 그 도시는 원래 강어귀에 있는 단순한 지역이었으며, 주요 일자리는 말라카강을 따라 전개된 어업밖에 없었다.

무아르(Muar) 지방에 살고 있었던 파라메스와라(Parameswara)*는 나중에 말라카강 어귀를 상업 중심지로 선택하였다. 이들 언덕과 강어귀는 그 이후 무역활동을 매우 빠른 속도로 발전시키는 데 기여하였다. 초기 말라카의 사회경제적 지위는 불규칙적인 농업에서 수익 지향적인 무역산업으로 향상되었다. 개방경제 정책은 간섭은 적게 하고 말라카 사람들을 더욱 무역에 종사하도록 장려하는 것을 의미하였다.(『동쪽으로 가라』)

8 말라카는 체계적인 부동산 정책을 가지고 있었다.

어떠한 상황에서도 일반인은 술탄이나 총리의 동의 없이는 집이나 토지와 같은 부동산을 팔 수 없었다. 부동산 관리에는 허가제를 도입하였으며, 사람들은 특별한 허가를 받기 위해서 일정 금액을 지불하여야 하였다. 정부는 이 분야에서 상당한 효율성을 확립하였으며, 이를 통해 제국의 예산을 대폭 확충할 수

---

* 싱가푸라 왕국(Kingdom of Singapura)의 마지막 국왕(재위 1389~1398)이자 말라카 왕국의 건립자 —역주

있었다. 토지 소유주의 수익에서 10분의 1은 세금이 부과되었다. 관리기법도 스마트하게 조직되어 공공의 분쟁은 적절히 해결되었다.

이 정책은 또한 외국인들이 제국의 토지를 매수하는 것을 금지하였다. 위계질서는 거주나 농업 목적으로 새로운 땅을 선정하는 권한을 가지는 촌장의 지위를 만들었다. 버려지거나 새로 조성되었으나 경작되지 않은 지역은 정착민이나 이주민에게 배정되었다.(『말레이 술탄국의 기술』)

9 말라카 해협의 길이는 800킬로미터이다.

말라카 해협은 수마트라와 말레이 반도 사이에 위치하고 있다. 이 해협은 15세기와 16세기에 가장 중요한 국가 가운데 하나였으며 말라카가 위치해 있던, 과거 술탄 영지의 이름에서 유래한다.

이 해협은 예수 탄생 이전부터 붐볐던 곳으로, 오늘날까지 무역인들에게 주요 연결고리로서 완벽한 위치를 차지하고 있다. 이곳은 또한 현지에서 '선원 부족(Seamen Tribe)'이라고 불리는 집단의 본거지이기도 하다.

말라카에서 네게리 셈빌란까지의 해저는 산호초가 있는 상대적으로 얕은 지형이다. 그럼에도 몇몇 곳은 무역선들에게 위험한

장소이다. 생태 다양성을 보호하기 위해서 이 해역에서는 예인망 어업이 금지되어 있다.(『말레이 술탄국의 기술』)

10 도시의 건물들은 보물들로 가득 차 있었다.

마흐무드 샤 술탄의 퇴각은 전리품 찾기에 혈안이 된 포르투갈인들에게 아주 멋진 약탈의 기회를 제공했다. 수지(樹脂)가 장뇌의 원료로 쓰이는 녹나무는 전리품 중의 하나였다. 그 외에도 포르투갈인들은 냄비 속에 숨겨진 사향과 상자 속에 있는 긴 목록의 옷감을 찾아내었다. 실크, 새틴, 호박단, 흰 비단 등이었다. 포르투갈인들은 또한 백악(백색 연토질 석회암), 백단유(열대지방에서 자생하는 나무 백단), 금괴, 진주, 도자기, 그리고 침향나무를 약탈하였다. 이와 같은 귀중품은 도시가 함락되자마자 전리품 목록에 즉시 기록되었다. 그들은 수일에 걸쳐 이 막대한 보물들을 분배하였다. 너무 크거나 운반하기 어려운 물건들은 말라카 거리 한가운데에 쌓였다.

이 보물들은 말라카의 경제적 구조에 대해 많은 것을 말해 준다. 이곳 사람들은 중상주의 노선을 따라 상업 지향적이었다.(『인도의 전설』)

11 비다라(Bidara) 곶은 도시의 북쪽에 위치한 항구였다.

이곳은 북쪽에서 오는 선박들이 무역 체증 시기에 본항구에 들어가기 전에 임시로 들어왔던 중간 기착 항구로서 기능하였다. 말라카항은 세계에서 가장 붐볐던 국제 교역항으로서, 수량이나 금액 면에서 무역 규모가 항상 컸던 항구로 알려져 있다. 그 항구는 두 개의 교역 그룹 간 상품 거래만 담당하였던 것이 아니라, 말레이 정부 내의 기관 간 비즈니스 거래도 담당하였다.

말라카에는 켈링 케이프(Keling Cape), 차이나타운, 자바 마을 등과 같은 대규모 상인 거주지역이 있었고, 그 지역은 모두 무역업자들의 주거지역으로 활용되었다. 끊임없는 혼잡함에는 다른 숨겨진 이야기가 있는데, 상인들 대부분이 계절풍이 부는 시기가 지나가기를 기다리며 너무 오랜 기간 체류했다는 사실이다. 그래야만 그들은 현저하게 낮아진 가격으로 더 많은 상품에 돈을 물 쓰듯 할 수 있었기 때문이었다.

그래서 무역업자들에게는 이 상품들의 품질을 유지하기 위한, 고도기술이 집약된 저장 창고가 절실하였다. 상인들 외에 현지인 들도 그들의 주요 교통수단으로 개인 선박을 소유하였다. 이것 은 상선들이 말라카항에 들어오기 전에 중간 기착항을 필요하게 만든 주요 체증의 원인이 되었다.(『역사적 관점에서 바라본 항 투아』)

12 말라카는 고도의 상품 저장기술을 발전시켰다.

이 창고들은 지상에 지어졌으며, 화재를 막기 위해 바닥 에서 위까지 석회를 칠하였다. 시공 중 바닥의 흙이 모두 밖으로 처리되어서 기초 또는 기반은 지하에 위치하게 되었다. 무역상 인들의 저장 시스템은 엄청난 양의 상품이 이곳에 저장되었음을 보여 준다.

따라서 상품의 손상을 방지하기 위해 적절한 보호장치가 마련 되어야 했다. 또한 절도 방지를 위해서도 체계적인 안전장치가 있어야 했다. 창고에는 화재 예방 조치가 되어 있었지만 가정집 에는 그런 장치가 없었다는 사실은 상품 교역 측면에 안전정책 의 우선순위가 있었다는 것을 보여 준다.

동양이나 서양에서 오는 상품들은 최종 소비자들에게 도착하기까지 계절풍이 불어오는 긴 시간을 기다려야 했다.

창고는 말라카 경제에서 저장된 상품의 수명과 품질을 보장하는 데 있어서 매우 중요한 기능을 하였다.(『인도의 전설』)

13   말라카 궁전에는 진주로 가득 찬 귀중품 상자가 있었다.

포르투갈인들이 술탄 마흐무드 샤 멜라카의 궁전을 점령했을 때, 그들은 바닥에 6만 크루자도(cruzados) 가치의 진주가 가득 차 있는 커다란 상자를 발견하였다.

그 상자 말고도 진주를 담고 있는 네 개의 금항아리와 시종 역할을 하고 있는 아름다운 소녀도 발견하였다. 그 궁전은 품질이 우수한 예술작품으로 치장한 값비싼 가구들로 장식되어 있었다. 그와 같은 화려함은 심지어 포르투갈 왕조보다 앞서는 말라카의

물질적 부를 잘 보여 주었다.

이와 같은 상황은 말레이시아가 후진적이고 야만적이라고 비난하는 주장을 뒤집어 버렸다. 말라카인들 사이에서 획득한 부의 취향은 원시적인 것을 넘어서는 것이었고, 따라서 그들에게 문명화된 사람이라는 왕관을 씌울 수 있었다.(『인도의 전설』)

14 말라카의 궁전에는 17개의 방이 있었다.

술탄 만수르 샤의 통치 기간 중 각각의 방은 3패덤(약 6미터)의 폭을 차지하고 있었다. 그 궁전의 기둥은 한 아름이나 되는 직경으로, 7층의 구조물을 지지하고 있었다. 궁전지역은 금으로 도금되어 있었고, 지붕은 구리와 주석으로 되어 있었다. 그 궁전은 설계 명세서에 따르면 상이한 건물들이 있었다. 그들 가운데 주요한 것은 아래와 같다.

1) 대궁(大宮)-술탄의 옥좌가 있는 곳
2) 3개의 작은 방-왕실 가족의 거처
3) 왕좌 방-가장 중요한 장소
4) 현관 홀-술탄과 비공식적인 만남을 하는 장소
5) 주방-싱크대와 난로가 있는 곳
6) 예복실

7) 접견실-손님을 접대하는 직원들을 위한 방

8) 식당

9) 목욕실-예복실에서 예복을 갈아입기 전에 사용하는 왕실 목
   욕탕

10) 코끼리 마구간-코끼리 키우는 곳

11) 모스크-이슬람인들이 종교에 대해 배우거나 기도하는 곳

12) 궁전 대문-궁전 마당을 건물 본체와 분리하는 구조물

13) 금고 방

  궁전은 완전한 행정 복합건물이었다. 제국의 평화를 유지하기
위한 모든 나랏일은 여기에서 결정되었다. 일반적으로 묘사되고
있는 것과 같은 왕의 저택만은 아니었다. 이 복합건물은 도시관
리를 위한 전략적 위치를 지원하고 있었다. 13개의 건물들이 통
치를 체계적인 행정시스템으로 관리하기 위해 세워졌다.(『말레이
연대기』, 크루센스턴 판)

15   그 도시는 해안가를 따라 지어졌다.

    행정 중심지는 남쪽에 있었고, 상업지역과 거주지는 중앙
과 북쪽에 몰려 있었다. 본채가 나무로 된 3만 채의 집들이 지어
졌는데 지붕은 야자로 덮여 있었다. 말라카강은 이 두 지역을 분

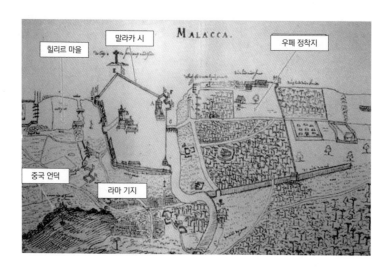

힐리르 마을　말라카 시　MALACCA.　우페 정착지

중국 언덕　라마 기지

할하는 국경 역할을 하고 있는데, 이들 지역은 캄펑 훌루로 배가 들어갈 수 있게 하는 쇠사슬로 된 도개교로 연결되어 있다. 그 도시는 세 개의 구현체, 즉 주택, 상업, 군사 지역의 총합이었다.

　도시에는 세 개의 인기 있는 주거지가 있었는데, 힐리르(Hilir, 강의 아래쪽)로 불리는 곳에는 말레이인들과 귀족들이 살았고, 언덕 쪽에는 왕족들이 주거지를 차지하였다. 상류에는 시민들과 자바인들이 살았는데, 그 결과 우페섬의 상인들 거주지는 인종적으로 분리되었다. 상업 중심지는 특정지역에 몰려 있었다. 상인들은 우페에 있는 간선도로를 따라 집집마다 상품을 거래하였다. 상선들은 대부분 우페 해안선을 따라 조선소에까지 정박하였다.(『포르투갈인들에 의한 인도 제국의 탐험과 정복의 역사』)

2

말라카
왕위 상속과
계승자들

1 　술란(Sulan) 왕의 후손인 데망 레바르 다운(Demang Lebar Daun)은 수마트라섬 팔렘방 지역의 무아라 타탕(Muara Tatang) 통치자였다.

무아라 타탕의 상류에는 시군탕 마하메루(Siguntang Mahameru) 언덕 어귀로 흐르는 숭가이 멜라유라는 강(말레이강)이 있었다. 이 언덕에서 일하던 두 명의 농부, 즉 완 엠폭(Wan Empok)과 완 말리니(Wan Malini)는 이스칸다르 줄카르나인(Iskandar Zulkarnain, 알렉산더 대왕 또는 페르시아 제국을 건설한 키로스 대왕)의 세 명의 자손을 발견하였다. 그들은 빅트람 샤(Bictram Syah), 닐라 팔라완(Nila Pahlawan), 그리고 카르나 판데얀(Karna Pandeyan)이었다.(『말레이 연대기』, 크루센스턴 판)

2 　완 엠폭과 완 말리니는 나중에 각각 닐라 팔라완, 카르나 판데얀과 결혼하였다.

따라서 상 사푸르바(Sang Sapurba)는 아왕(Awang)과 다라

(Dara)라는 명예 칭호를 가진 후손으로 간주되었다. 한편 그는 데 망 레바르 다운(Demang Lebar Daun)의 딸인 완 순다리(Wan Sundari) 와 결혼하였다. 결혼할 시기에 그는 모든 말레이 사람들의 왕이 되고, 이것을 그의 장인이 지지하는 것을 보장하는 사회계약을 체 결하였다. 이 계약에 대한 그의 의무는 말레이를 개선, 발전시키 고 자율권을 주며, 말레이 사람들을 학대하지 않는다는 것이었다.

이러한 협상이 지켜지는 한 데망과 그의 후손들은 상 사푸르 바와 그의 종국적인 후계자들이 영원히 통치하는 것을 인정하기 로 되어 있었다. 만일 어떠한 위반이 발견될 경우 이 계약은 무효 한 것으로 간주되었다.(『말레이 연대기』, 크루센스턴 판)

아왕화(Awangization)와 다라화(Darazation)의 근원

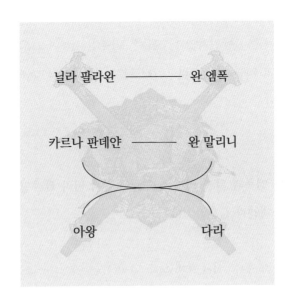

널라 팔라완 ———— 완 엠폭

카르나 판데얀 ———— 완 말리니

아왕   다라

3 상 사푸르바는 나중에 왕이 되었다.

이 결혼 후에 그는 팔렘방을 통치하기 위해 시군탕 마하
메루(Siguntang Mahameru) 언덕을 떠났다. 데망 레바르 다운은 팔렘
방의 망쿠부미(고관, 高官)로 격하되었다. 상 사푸르바는 이후 네
명의 후계자를 두었다. 세리 데위와 첸드라 데위 공주, 그리고 상
마니아카와 상 닐라 우타마 왕자. 그가 양녀로 삼은 탄중 부이
(Tangjung Buih)는 공주가 되었다.

나중에 탄중 부이 공주는 중매로 중국의 체테리아(Cheteria) 왕

상 사푸르바 ——————— 완 순다리
(팔렘방의 왕)   (데망 레바르
                                    다운의 딸)

세리 데위 공주

첸드라 데위 공주

상 마니아카 왕자

상 닐라 우타마 왕자

탄중 부이 공주(양녀)

자와 결혼하여 슬하의 자식들에게서 중국의 왕들이 배출되었
다.(『말레이 연대기』, 크루센스턴 판)

4 **이에 따라 상 사푸르바와 데망 레바르 다운은 그들의 가족과 함께 배를 타고 팔렘방을 떠났다.**

팔렘방은 데망 레바르 다운의 아우가 섭정하도록 넘겨졌
다. 상 사푸르바의 왕족 수행단은 남쪽으로 6일 밤낮을 항해하
여 탄중 푸라에 도착하였고, 거기서 마자파힛(Majapahit) 왕의 딸
과 결혼하였다. 이 결혼으로 마자파힛 왕가의 계승자들이 생겨
나게 되었다. 반면에, 상 사푸르바의 아들은 탄중 푸라의 공주와
결혼하였고, 그곳에 살았다.(『말레이 연대기』, 크루센스턴 판)

5 **상 사푸르바는 탄중 푸라를 지나 링가산(Mount Lingga)까지 항해하였다.**

이후 그는 시암*의 영향을 받고 있는 벤탄(Bentan)의 여성
지도자 사칸다르 샤의 초대를 받았다. 사칸다르 샤는 완 세리 비
니라는 이름의 딸이 있었고, 그 딸이 상 닐라 우타마와 결혼함으

---

* 타이 왕국의 옛 이름 —역주

로서 그는 벤탄의 왕이 되었다.(『말레이 연대기』, 크루센스턴 판)

6   상 사푸르바는 벤탄에 있는 상 닐라 우타마와 데망 레바 르 다운을 떠났다.

그리고 그는 루쿠를 향해 항해하였고 후중 바쿵(Hujung Bakung)에 도착하였다. 이후 그의 수행원들은 쿠알라 쿠안탄까지 나아갔고, 이 강의 상류까지 올라갔다. 거기서 그들은 미낭카바 우 정착지를 우연히 만나게 되었다. 상 사푸르바는 미낭카바우 의 왕이 되었고, 그의 후계자들도 왕위를 이어받게 되었다.(『말레 이 연대기』, 크루센스턴 판)

7   벤탄의 왕, 상 닐라 우타마는 테마식(Temasik)을 건설하 였고, 이곳을 싱가포르로 명명하였다.

싱가포르의 첫 번째 왕이 된 그는 세리 테리 부아나(Seri Teri Buana)라는 호칭으로 통하였다. 한편 벤탄은 데망 레바르 다 운의 아들에게 맡겨졌고, 그는 차기 왕으로서 텔라나이(Telanai)라 는 호칭을 받았다. 상 닐라 우타마에게는 라자 케식 베사르와 라 자 케식 무다라는 이름을 가진 두 명의 아들이 있었다. 형인 라자 케식 베사르는 칼링가 출신의 닐라 판자디 공주와 결혼하였다. 동생은 데망 레바르 다운의 손녀와 결혼하였다. 상 닐라 우타마는 라자 케식 베사르를 싱가포르의 2대 왕으로 삼았고, 그는 왕이 되면서 이름을 파두카 세리 피크라마 비라(Paduka Seri Pikrama Wira)로 개명하였다.

반면에, 라자 케식 무다는 툰 페르파티흐 페르무카 베르자자르(Tun Perpatih Permuka Berjajar)가 되었다. 한편, 데망 레바르 다운의 손자는 툰 페르파티흐 프라무카 세가라(Tun Perpatih Pramuka Segara)가 되었다. 그 이후 툰 템푸룽 게마르 아낙으로 알려진 툰 자나 부카 딘딩은 싱가포르의 총사령관으로 임명되었다. 싱가포르의 2대 왕인 파두카 세리 피크라마 비라는 라자 무다라는 이름의 아들을 두었다.(『말레이 연대기』, 크루센스턴 판)

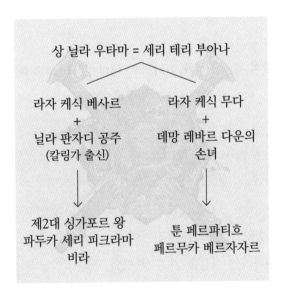

상 닐라 우타마 = 세리 테리 부아나

라자 케식 베사르
+
닐라 판자디 공주
(칼링가 출신)

라자 케식 무다
+
데망 레바르 다운의
손녀

제2대 싱가포르 왕
파두카 세리 피크라마
비라

툰 페르파티흐
페르무카 베르자자르

8   라자 무다는 툰 페르파티흐 페르무카 베르자자르의 딸과 결혼하였다.

그 후 그는 싱가포르의 3대 왕이 되었으며, 세리 라나 비크라마로 불렸다. 반면에 툰 페르파티흐 페르무카 베르자자르는 툰 페르파티흐 툴루스로 교체되었다. 세리 라나 비크라마는 나중에 아들을 가졌으며, 다시아 라자라는 이름의 그는 파두카 세리 마하라자로 알려진 네 번째 왕이 되었다.(『말레이 연대기』, 크루센스턴 판)

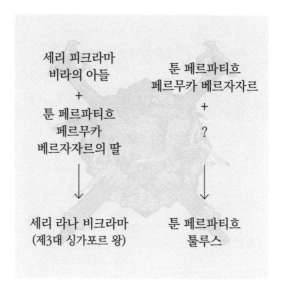

세리 피크라마
비라의 아들
+
툰 페르파티흐
페르무카
베르자자르의 딸

↓

세리 라나 비크라마
(제3대 싱가포르 왕)

툰 페르파티흐
페르무카 베르자자르
+
?

↓

툰 페르파티흐
툴루스

9 파두카 세리 마하라자는 이스칸다르 샤라는 이름의 아들
이 있었다.

파두카 세리 마하라자는 황새치가 엄청난 규모로 몰려왔
을 때 운명적인 사건이 일어나 죽었다. 그 후 이스칸다르 샤가 그
의 왕위를 계승하였으며, 툰 페르파티흐 툴루스의 딸과 결혼하여
라자 아스마드라는 이름의 아들을 낳았다. 라자 이스칸다르 샤
는 싱가포르를 32년간 통치하였다.(『말레이 연대기』, 크루센스턴 판)

10 **라자 이스칸다르 샤는 마자파힛이 싱가포르를 공격하였을 때 퇴각하였다.**

　　재무대신이 모반을 일으켜 그에게 패한 라자 이스칸다르 샤는 셀레타르와 무아르로 도망갔다. 비아왁 부숙(Biawak Busuk)이라는 곳에 정착지를 건설하였는데 새로 정착한 곳이 입지가 좋지 않다고 판단한 라자 이스칸다르 샤는 무아르에 있는 코타 부룩(Kota Buruk)에 다시 정착하였다. 그 후 그는 다시 세닝 우중(Sening Ujung)으로 걸어서 옮겨 갔다. 인구가 많음에도 불구하고 사람들이 잘 화합하는 데 고무되어 세닝 우중의 통치를 담당할 장관을 임명하였다. 그는 계속해서 해안선을 따라 움직이다가 바다에 가까운 베르탐강에 도착하였고, 말라카로 알려진 새로운 국가를 건설하였다. 말라카를 건설한 후 라자 이스칸다르 샤는 3년간 통치하였다.(『말레이 연대기』, 크루센스턴 판)

11 **싱가포르의 다섯 번째 왕이었던 이스칸다르 샤는 말라카의 첫 번째 왕이 되었다.**

　　그는 3년이 소요되는 중국 국빈방문을 실시하였다. 사전에 그는 세리 아마르 디라자 총리를 그의 대표로 보냈다. 그의 아들 라자 베사르 무다는 나중에 그를 승계하여 왕이 되었다. 라자 이스칸다르 샤는 말라카에 있는 탄중 투안에 묻힌 것으로 알려지고 있다.(『말레이 연대기』, 크루센스턴 판)

12 **라자 베사르 무다는 말라카의 두 번째 왕이 되었다. 그는 싱가포르의 마지막 파라메스와라 왕의 아들이었다.**

라자 베사르 무다로도 알려진 라자 아흐마드는 마흘리가

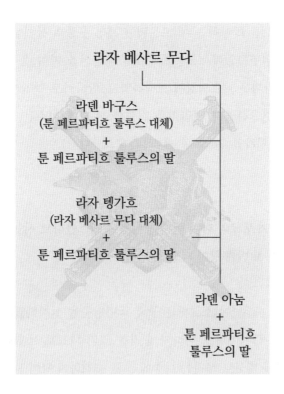

라자 베사르 무다

라덴 바구스
(툰 페르파티흐 툴루스 대체)
+
툰 페르파티흐 툴루스의 딸

라자 텡가흐
(라자 베사르 무다 대체)
+
툰 페르파티흐 툴루스의 딸

라덴 아눔
+
툰 페르파티흐
툴루스의 딸

이(Mahligai) 시(市)의 라자 술라이만의 딸인 푸테리 카마룰 아자이브와 결혼하였다. 라자 베사르 무다는 라덴 바구스, 라자 텡가흐, 그리고 라덴 아눔이라는 세 명의 왕자를 낳았다. 세 아들 모두 툰 페르파티흐 툴루스의 자녀와 결혼하였다. 라덴 바구스는 재무대신으로 툰 페르파티흐 툴루스를 대체하였고, 그 결과 라자 텡가흐가 말라카의 세 번째 왕으로 등극하였다.(『말레이 연대기』, 크루센스턴 판)

13　라자 텡가흐는 그의 아들 라자 케식 베사르를 말라카의 4대 왕으로 삼았다.

라자 케식 베사르는 그후 툰 페르파티흐 페르무카 르자자르의 딸과 결혼하였다. 그들에게 두 명의 아이들이 있었는데, 라자 케식 밤방과 라자 메갓이다. 라자 케식 베사르는 술탄 무하마드 샤로 왕위에 올랐다. 당시 말라카의 재무대신은 세리 와 라자(Seri Wa Raja)로 알려지고 있다. 툰 페르파티흐 페르무카 베르자자르의 아들인 툰 페르파티흐 베사르는 나중에 재무대신이 되었다.

한편, 세리 테리 부아나의 아들 이름은 라자 케식 무다이다. 그는 나중에 재무대신으로 임명되었으며, 호칭도 세리 나라 디라자로 바뀌었다. 그는 이후 총리가 된 툰 페르파티흐 베사르의 딸과

라자 텡가흐
│
라자 케식 베사르 = 술탄 무하마드 샤
+
툰 페르파티흐 페르무카 베르자자르의 딸
│
라자 케식 밤방   라자 메갓

결혼하였고, 둘 사이에 아들 하나를 두었는데 이름은 툰 라트나 순다리였다.(『말레이 연대기』, 크루센스턴 판)

14   술탄 무하마드 샤는 말라카 궁전의 의전(儀典) 규칙을 도 입하였다.

이 성문(成文) 의전은 21세기까지 말레이 궁전에 영향을 미쳤다. 술탄 무하마드 샤는 마니 푸린단과 툰 라트나 순다리의 딸인 툰 우테와 결혼하였다. 그들 사이에 라자 카심 왕자가 태어 났다. 술탄 무하마드 샤는 라자 레칸의 딸과도 결혼하였는데, 이

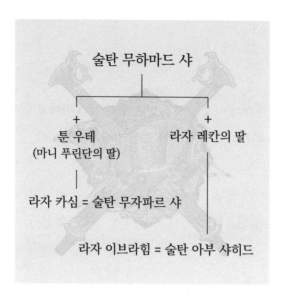

술탄 무하마드 샤

＋   ＋
툰 우테   라자 레칸의 딸
(마니 푸린단의 딸)

라자 카심 ＝ 술탄 무자파르 샤

라자 이브라힘 ＝ 술탄 아부 샤히드

중혼(重婚)에서 라자 이브라힘이 태어났다.

　라자 이브라힘은 술탄 무하마드 샤가 죽자 왕위를 계승하였
다. 그는 술탄 아부 샤히드로 알려졌으며, 다섯 번째 왕이 되었
다.(『말레이 연대기』, 크루센스턴 판)

**15　그러나 술탄 아부 샤히드는 그의 이복 형제인 라자 카심의
쿠데타로 죽임을 당하였다.**

　　왕위는 쿠데타를 모의한 그의 이복 형제에게 넘어갔으며,
그는 나중에 술탄 무자파르 샤로 불렸다.(『말레이 연대기』, 크루센스

턴 판)

16 말라카의 여섯 번째 술탄은 총리 세리 아마르 디라자의 딸
과 결혼하였으며, 라자 압둘라 왕자를 얻었다.

동시에 술탄 '무자파르 샤'는 '세리 와 라자' 총리의 딸인
'툰 쿠두'와 결혼하였다. 그들 슬하에 자녀는 없었다. 그래서 라
자 압둘라는 술탄 만수르 샤로 왕위를 계승하였다.(『말레이 연대
기』, 크루센스턴 판)

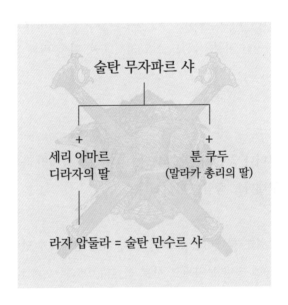

17 제7대 말라카의 술탄인 만수르 샤는 툰 푸티흐 누르 폴람 과 결혼하였고, 그녀의 아버지는 세리 나라 디라자였다.

그들에게는 두 명의 아이가 있었는데, 이름이 라자 마하데 위와 라자 첸데라였다.

만수르 샤는 자신의 첩이었던 푸테리 바칼과도 중혼하였다.

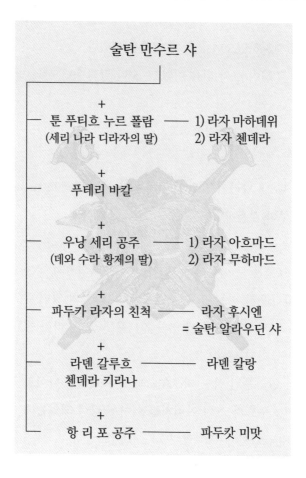

또, 파항(Pahang)을 점령한 이후에는 '데와 수라' 황제의 딸인 우낭 세리 공주와 결혼하였다. 이 결혼으로 그는 라자 아흐마드와 라자 무하마드를 얻었다.

그 이후 술탄 만수르 샤는 '라덴 갈루흐 첸데라 키라나'와 결혼하였고, 라덴 칼랑을 얻었다.

술탄 만수르 샤는 파두카 라자 총리의 친적과도 결혼하였으며, 후손으로 라자 후신이 있다. 마지막으로 항 리 포(Hang Li Po) 공주와 결혼하였으며, 파두카 미맛을 얻었다.

라자 후신이 그의 뒤를 이었고, 술탄 알라우딘 샤로 명명되었다.(『말레이 연대기』, 크루센스턴 판)

18 제8대 말라카 술탄인 알라우딘 샤는 캄파르(Kampar) 공주와 결혼하였다.

그들은 두 아들을 두었다: 라자 무나와르와 라자 자이날. 술탄 알라우딘 샤는 또한 세리 나라 디라자의 딸인 툰 세나자(Tun Senaja)와 결혼하여 세 명의 자녀를 두었다: 라자 히탐, 라자 마흐무드, 라자 파티마흐.

술탄 알라우딘 샤는 파고(Pagoh)에서 32세의 나이로 죽었다. 라자 마흐무드가 그의 아버지를 이어 술탄이 되었는데, 말라카의 제9대 술탄이다.(『말레이 연대기』, 크루센스턴 판)

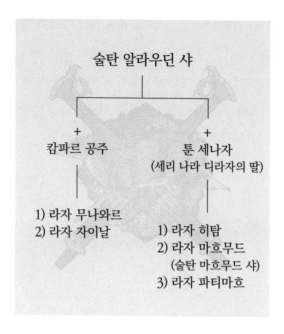

술탄 알라우딘 샤

＋
캄파르 공주

＋
툰 세나자
(세리 나라 디라자의 딸)

1) 라자 무나와르
2) 라자 자이날

1) 라자 히탐
2) 라자 마흐무드
(술탄 마흐무드 샤)
3) 라자 파티마흐

19 술탄 마흐무드 샤는 파항 출신의 라자 와티와 결혼하였고, 라자 아흐마드라는 이름의 아들을 낳았다.

그 후 술탄 마흐무드 샤는 파항에 사는 총리의 딸인 툰 테자와 결혼하였다. 이 결혼으로 그가 '푸테리 아람 데위'라고 이름 지은 공주를 얻었다.

켈라탄 출신의 오낭 케닝 공주와의 또 다른 결혼으로, 그는 라자 무자파르, 라자 나라, 라자 세리 데위, 그리고 라자 파티마흐를 얻었다. 그는 또한 툰 무타히르 총리의 딸인 툰 파티마흐와 결혼하였다. 이 결혼으로 그는 '라자 케실 베사르 라자 알라우딘'을 얻었고, 알라우딘은 조호르(Johor)의 술탄 알라우딘 샤가 되었다.

술탄 마흐무드 샤는 나중에 왕위를 라자 아흐마드에게 양위하였으며, 아흐마드는 아흐마드 샤라는 이름으로 제10대 말라카의 술탄이 되었다.(『말레이 연대기』, 크루센스턴 판)

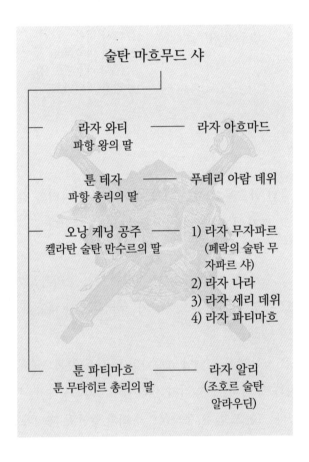

3

말라카의
귀족과 지방

1　무나와르 왕은 캄파르(Kampar)에서 왕위에 오른 술탄 알
　　라우딘의 맏아들이었다.

　　　그는 세리 나라 디라자(Seri Nara Diraja)가 말라카의 통치자
로 선봉에 섰던 그 도시의 행정을 물려받았다.(『말레이 연대기』, 크
루센스턴 판)

2　술탄과 귀족들은 말라카 주변에 있는 무덤에 묻혀 있다.

　　　일반적으로 알려져 있는 역사 기록들은 포르투갈의 공격
으로 파괴되었기 때문에 정확한 위치를 말해 주고 있지 않다. 그
러나 구술 자료들은 이 부족한 간격을 메우는 데 도움이 된다.
여러 세대 동안 이들 무덤을 지켜온 가족들은 그들의 조상이 어
디에 실제로 묻혀 있는지에 대한 수수께끼에 답을 줄 수 있는 유
일한 단서이다.

1)　술탄 만수르 샤 ― 부킷 말라카

2) 툰 페락 — 부킷 말라카

3) 툰 페르파티흐 푸티 — 부킷 말라카

4) 툰 무하마드 벤다하라 루북 바투 — 후탄 부킷 카틸, 말라카

5) 툰 후드 — 후탄 부킷 카틸, 말라카

6) 툰 제밧(파두카 라자) — 잘란 쿨리, 말라카

7) 툰 바하루(다툭 팔렘방) — 부킷 바루, 말라카

8) 툰 마흐무드(다툭 쿠알라) — 풀라우 낭카, 말라카

9) 툰 렐라 와티 — 풀라우 낭카, 말라카

10) 툰 콜라 — 부킷 두융, 말라카

11) 툰 자니 다툭 파흘라완 — 부킷 두융, 말라카

12) 툰 카틸 다툭 팡리마 — 부킷 바얀, 말라카

13) 툰 자야 알람 팡리마 은가흐 알람 — 풀라우 베사르, 말라카

14) 툰 말라캇 구루 가누 아가마 — 풀라우 베사르, 말라카

15) 툰 크호자 바바 팡리마 — 풀라우 세림본, 말라카

16) 셰이크 만수르 구루 아가마 — 마찹, 말라카

17) 셰이크 알-마흐둠 압둘 아지즈 — 부킷 치나, 말라카

18) 툰 푸테흐 I 팡리마 — 캄펑 두융, 말라카

19) 툰 푸테흐 II — 캄펑 두융, 말라카

20) 툰 아만 팡리마 — 캄펑 두융, 말라카

21) 툰 후신 판타스 팡리마 — 자신, 말라카

22) 툰 구바흐 팡리마 — 날라스, 말라카

23) 툰 카장 팡리마 리팟 카장 — 숭가이 두융, 말라카

24) 툰 만탕 팡리마 무아라 — 숭가이 두융, 말라카

25) 툰 탄중 팡리마 우중 탄중 — 잠바탄 두융, 말라카

26) 툰 란팅 팡리마 란팅 — 캄펑 부킷 란팅, 말라카

27) 툰 렘방 팡리마 렘방 — 캄펑 테헬, 말라카

28) 툰 테자 — 메르리마우, 말라카

(『말라카 제독 항 투아 이야기The History of the Malaccan Admiral Hang Tuah』, 특별판)

3   툰 페락(Tun Perak)의 아들이 수유르(Suyur)의 행정관 (Telanai)이 되었다.

툰 텔라나이 수유르가 말라카와 시암의 전쟁 이후 정부 간 외교관계를 회복하는 임무를 맡게 되었다. 이는 술탄 만수르 샤가 총리에게 평화협정서를 시암에 보내라고 명령함으로써 시작되었다.

그것 말고도 관계 개선은 양국에 경제적으로도 매우 중요하였다. 이 외교 임무를 수행하기 위해 자나파타(Janapata) 장관은 이미 수유르의 행정관으로 있는 툰 페락을 수행해서 시암 정부에 평화의 친서를 전달하라는 명령을 받았다.

돛대 세 개를 단 20척의 쾌속선이 이 외교 임무를 위해 출항하였으며, 말라카와 시암 사이에 성공적인 결과를 낳았다.(『말레이

연대기』, 크루센스턴 판)

4 라자 베사르 무다(Raja Besar Muda)는 효율적인 관리 시스템을 도입하였다.

이를 위해 그는 귀빈청(Hosting Hall)에 장관직을 만들고, 매일 업무를 수행하기 위해 필요한 궁궐의 물건들을 운반하는 40개의 전령 직책을 만들었다. 이 외에도, 정부 장비를 운반하는 이들 전령들의 자녀를 위한 직책도 만들어졌다.(『말레이 연대기』, 크루센스턴 판)

5 술탄 무하마드 샤(Sultan Muhammad Syah)가 말라카를 번성하게 만들었다.

권력을 확대하기 위해 말라카는 몇 개의 내부 기준을 설정할 필요가 있었다. 도시의 기초를 건설함으로써 파라메스와라(Parameswara)는 첫 번째 부분을 시행하였다. 그는 또한 방어와 경제에 적합한 전략적 장소를 선정하였다.

그 이후 두 번째 술탄이 모든 문제를 해결하기 위해 대규모 인원을 동원하여 건물들을 지음으로써 행정조직을 향상시켰다. 다음 통치자는 새로 만들어진 행정체계를 효율적으로 운영하였다.

효율적인 행정 조직 변화를 통해 정부는 번영의 길을 튼튼히 하였다. 라자 케실 베사르(Raja Kecil Besar)는 강력하고 안정적인 정부를 이어받았다. 그는 자신을 술탄 무하마드 샤로 개칭하였고, 행정 수도를 확장한 첫 번째 군주가 되었다. 또한 술탄 무하마드 샤는 일치된 의견으로 주변 나라들을 통합하였다. 그의 노력으로 국경선이 베라우스(Beraus), 우중 카랑(Ujung Karang), 그리고 테렝가누(Terengganu)까지 포함하는 동쪽과 서쪽으로 확장되었다.

그의 통치 기간에 아랍 무역상들은 말라카를 말라캇(Malakat)으로 불렀는데, 여기에는 모든 무역상품이 집적되는 장소라는 의미가 있다.(『말레이 연대기』, 크루센스턴 판)

6   **왕실 규범은 말라카 술탄들에게 사용되는 차양(遮陽)을 흰색으로 해야 한다고 규정하였는데, 이는 멀리서도 흰색이 눈에 잘 띄었기 때문이다.**

노란색은 술탄의 아이들에게 사용되는 색깔이었다. 이 두 색깔은 공식 행사에 우선적으로 사용되는 색이었으며, 따라서 일반인들에게는 사용이 금지되었다. 이들 색깔 코드의 유일한 목적은 통치자와 백성들을 구별하는 용도였다.

이 외에도, 일반 백성들은 눈에 띄는 현관, 장식용 기둥, 그리고 바람막이 지붕이 있는 집을 지을 수 없었다. 그들의 배는 왕실을 상징하는 창문이나 홀을 가져서도 안 되었다.

말라카의 일반 백성들은 아무리 많은 금을 가지고 있다고 하더라도 금으로 된 보석을 몸에 두를 수 없었다. 그러나 유일하게 예외가 있었는데 술탄이 선물로 준 보석은 착용이 가능하였다.(『말레이 연대기』, 크루센스턴 판)

7 귀족과 궁궐의 신하들은 그들의 직책을 구별하는 일상의 색깔을 가지고 있었다.

전령은 빨간색을 입었고, 초록색은 사령관을 위한 색깔이었다. 환관은 보라색을 사용하였다. 계급과 서열을 상징하는 이 색깔 코드들은 전 세계의 많은 군주 사회에서 일상적으로 사용된 관례였다. 그러한 관행은 오늘날까지도 현실적이고 적절한 것이다.

말레이시아 연방국의 술탄들 가운데 색깔 코드는 왕실 의전에 엄격히 적용되었다. 흰색과 노란색은 모든 국경일 행사에서 군주들만 사용하도록 되어 있었다.(『말레이 연대기』, 크루센스턴 판)

8 세리 와 라자(Seri Wa Raja) 총리가 사망한 이후 툰 페락 (Tun Perak)은 켈랑(Kelang)으로 옮겼다.

툰 페락은 툰 페르파티흐 세당의 아들이었는데, 파라메스 와라와 상 닐라 우타마(Sang Nila Utama)와 연결된 왕실 혈통을 가지고 있었다. 툰 페락에게는 세 명의 자식과 술탄 무자파르의 왕비가 된 여동생 툰 쿠두(Tun Kudu), 그리고 술탄 마흐무드 샤의 통치기간 중 총리가 된 남동생 툰 페르파티흐 푸티(Tun Perpatih Putih)가 있었다.

아버지의 죽음과 함께 그 직위도 당연히 툰 페락에게 넘어가야 마땅하였다. 그런데 세리 나라 디라자(Seri Nara Diraja)가 라자 카심(Raja Kasim, 후에 술탄 무자파르 샤가 됨)이 왕이 되는 데 공헌한 대

가로 총리가 되었다. 툰 페락은 가족들이 공유하고 있는 전설적인 통치 경험을 이어받았다. 그는 켈랑(Kelang)의 많은 문제들을 해결하였고, 백성들이 그를 수장(chief)으로 임명할 것을 술탄 무자파르에게 청원할 정도였다. 이는 술탄이 받아들일 수 있는 청원이었다. 툰 페락은 말라카가 시암의 공격에 버틸 수 있도록 준비하기 위해 자신이 필요해질 때까지 작은 촌장의 지위에 머물러 있었다.

툰 페락의 전략으로 시암의 공격을 격파할 수 있었다. 그는 왕실의 전령으로 매일 근무하도록 승진하였다. 그의 능력이나 가족 배경은 말레이 사람들로부터 공적인 지지를 보장받게 하였다.

이러한 인기는 세리 나라 디라자의 지지자들과 그의 민초들 사이에 갈등을 야기시켰다. 결국에는 술탄 무자파르 샤가 개입하여 툰 페락이 그의 합당한 지위인 파두카 라자 총리로 임명되었고, 세리 나라 디라자는 물러났다.(『말레이 연대기』, 크루센스턴 판)

9 술탄 알라우딘의 아들이 캄파르(Kampar)에서 왕이 되었다.

무나와르(Munawar)가 이 동쪽 수마트라 국가를 통치하였다. 장남이었지만 그는 말라카의 술탄으로 왕위에 오르지 못하였다. 대신에 왕관은 부왕을 계승한 그의 남동생 술탄 마흐무드에게 돌아갔다. 무나와르가 왕이 되기 전에 캄파르는 미낭카바우(Minangkabau) 출신의 자야(Jaya) 황제 땅이었다.

자야 황제는 말라카에 굴복하기를 거절하였다. 그래서 술탄 만수르 샤가 캄파르를 놓고 전쟁을 벌였고, 승리하였다.(『말레이 연대기』, 크루센스턴 판)

10 말라카에서 직책이 있는 모든 귀족들과 왕은 칭호를 가지고 있었다.

왕과 총리직에 대한 추정 상속인들은 각각 라자 무다(Raja Muda, 왕세자)와 툰 피크라마(Tun Pikrama)로 불렸다. 세리 비자 디라자(Seri Bija Diraja, 총사령관)와 락사마나(laksamana, 제독)의 대리자들은 각각 상 세티아(Sang Setia)와 상 구나(Sang Guna)로 불렸다.

그러나 이 시스템이 완전하게 실행되지는 않았다. 때로는 술탄이 어떤 개인을 그의 능력과 업적에 따라 특정한 직위에 임명하기도 하였다. 예를 들어 항 투아(Hang Tuah)는 상 구나(Sang Guna)가 된 적이 없었지만 제독으로 임명되었다. 툰 페락 총리도 마찬가지였는데, 그는 툰 피크라마로 불린 적은 없었지만 초고속으로 총리에 임명되었다. 대리자의 역할은 일반적으로 가족 구성원 중에서 정해졌다.

대리자는 사실상 개인이 모든 기능과 의무를 이해하도록 준비하는 직책이었다. 술탄도 이들 예정된 귀족들에 대한 훈련을 책임지는 사람들 중의 하나였다. 술탄이 이들 귀족들에게 외교 임무를 수행하도록 명령하곤 했다는 기록이 남아 있다. 몇몇은 적국의 관리를 체포하라는 명령을 받기도 하였다.

그러한 노출을 통해 대부분의 귀족들은 뜨겁게 단련되었다. 그들은 직무를 이해했을 뿐만 아니라, 아울러 최종 임무를 완성할 때까지 제국에 최선의 이익이 되는 것이 무엇인지 등 개선의 여지에 대해 고심하였다.(『말레이 연대기』, 크루센스턴 판)

11   항 투아(Hang Tuah)는 말라카 행정 체계에서 해군 제독직을 수여받은 첫 사람이었다.

그 이전에는 누구도 이런 직위에 임명된 사람이 없었다. 항 투아는 말라카 두융(Duyung)에서 툰 마흐무드와 툰 렐라 와티 부부 사이에 태어났다. 그의 이름은 알려지지 않은 어떤 노인이 툰 마흐무드와 그의 가족들에게 그런 아들을 가진 행운을 축하하는 의미에서 지어 준 것이다.

그는 술탄 만수르 샤, 술탄 알라우딘 샤, 그리고 술탄 마흐무드 샤에게 그들의 안전과 제국의 바다를 방어할 것을 맹세하는 충성서약을 하였다. 그의 임무수행에 무예는 필수 불가결하였는데, 항 투아는 무술에 많은 관심을 가졌을 뿐만 아니라, 그가 외교관으로 자신을 내세웠던 다른 지식에도 많은 관심을 가졌다.

그의 그런 영향력으로 인해 15세기 이후 말레이 사람들은 그를 잘 알고 있다.

하나의 상징적 인물로서, 그는 말레이 사람들에게 일하는 데 있어서, 그리고 종교와 종족을 향한 충성의 길에 대한 영감을 주었다.(『말레이 연대기』, 크루센스턴 판)

12 말라카의 실제 영토는 쿠알라 링기(Kuala Linggi)에서 케상(Kesang)까지 포함하였다.

그 도시는 말라카강 어귀에 수산업 기지로 시작되었다. 마지막 싱가포르의 왕은 말라카가 발전하면서 유명해진 이곳에 약간의 잠재력을 불어넣었다. 제국은 지리상 두 지역으로 나뉘었

다. 도시가 설립된 최초의 지역과 통치세력이 방어하고 점령한 영토. 초기에 말라카인들이 세운 도시는 해안선을 따라 확장되었다. 곧 이 도시는 보호를 제공하기 시작하였고, 처음에는 무한한 경제적 잠재력으로 설립된 도시들을 차례차례 점령하면서 성장하였다. 원래 말라카를 넘어서는 지역은 왕자, 귀족, 총독, 지방관 또는 촌장으로 대표되는 위계질서를 통해 통치되었다. 말라카에 대항하는 외국은 정복당했다. 특정시기에 우세한 왕이나 상속자들이 패배를 하면 말라카의 패권을 인정하는 선행조건으로 재임명되었다.

파항(Pahang)의 경우, 몰락한 정부는 말라카의 왕자를 그들의 새로운 왕으로 추대하였다. 파항 내의 중요하지 않은 지역은 법의 권위를 다시 세우도록 총독에게 주어졌다. 데와 수라 황제가 패배한 이후 세리 비자 디라자가 파항을 통치하도록 파견되었다.

비자 디라자는 파항을 왕처럼 통치하는 권한을 부여하는 악기로서 노밧 북(nobat drum)과 같은 필요한 모든 것을 가지고 있었다. 교외나 농촌지역은 일반적으로 술탄의 대리인으로 통치하도록 지방관이나 촌장에게 주어졌다. 예를 들어, 툰 페락은 켈랑의 촌장이었다.(『말레이 연대기』, 크루센스턴 판)

**13 파라메스와라는 탄중 투안(Tangjung Tuan) 근처의 언덕
에 묻혔다.**

그의 무덤으로 네모난 돌 구조물이 피라미드의 기반석처
럼 놓여 있었다. 이 때문에 그 장소는 탄중 투안으로 알려져 있
는데, 이는 신의 곶(Lord's Cape)으로 번역된다. 이 무덤에 대한 이
야기들은 말라카 원주민들 사이에 구전으로 여러 세대를 거쳐
내려왔다.

물론 그것은 말라카의 통치자들의 무덤의 위치를 확인하기 위
한 것이었다. 비석은 세월이 흐름에 따라 깨어져서 무엇이 쓰여
있었는지 거의 알 수 없다. 포르투갈 사람들에 따르면 대모스크
(Grand Mosque) 구내에서 어떤 술탄의 시신이 발견되었다고 한다.
그들은 또한 부킷 말라카에 있는 또 다른 무덤을 언급하였다. 그
무덤의 비석은 그들이 그 도시를 점령한 이후 건축물을 수리하
는 석재로 사용되었다.

포르투갈 사람들은 무덤을 약탈하였을 때 시신에 관한 아무런
언급도 하지 않았다. 아마 그들은 이들 유해를 건드리지 않았을
가능성이 높다. 나중에 이들 지역에 건물들이 들어섰다. 말라카
주위의 공동묘지들은 수없이 많았고, 오늘날까지도 광범위하게
퍼져 있다.(『말라카에 대한 묘사Description of Malacca』)

14 총리는 왕을 대신하여 왕실의 업무를 진두지휘하는 고문 역할을 하였다.

술탄의 부재중에 총리는 집행권을 가지고 행동하였다. 그는 전쟁 중에는 육군과 해군을 통솔하는 참모총장이었다. 그래서 이를 통해 총리는 사형을 제외한 사법권을 집행할 수 있었다.

총리는 차기 술탄을 지명할 수 있는 헌법적 권한을 가진 유일한 귀족이었고, 모든 대관식 도구들의 보관 의식을 주재하였다.(『말레이 연대기』, 크루센스턴 판)

15 결혼하지 않은 술탄은 총리의 딸 중에 하나를 아내로 삼도록 법으로 정해져 있었다.

여러 경우에 있어서 말레이 총리의 역할과 의무는 오늘날 총리의 역할보다 더 중요하였고, 광범위하였다.

차기 술탄을 결정할 수 있는 권한으로, 총리는 왕자들 가운데 나이와 관계없이 어떤 누구라고 뽑을 수 있었다.(『말레이 술탄국의 기술』)

16 락사마나(laksamana, 제독)는 해군 참모총장이었다.

그의 지휘역할은 말라카의 수석대사(Grand Ambassador)로서 해군제독과 유사하였다. 동시에 그는 제국의 해역에서 무역과 항해 활동의 안전을 확보하는 임무를 부여받았다. 방어태세 유지는 그의 당연한 직무였고, 이에 더하여 외빈과 외국사절의 안전을 보호하는 임무도 맡았다.

이 직무의 기원에 대한 상세한 내용을 살펴보는 두 가지 방법이 있다. 항 투아가 술탄의 마자파힛 방문 기간에 행한 업적으로, 처음으로 이 역할을 맡았다고 설명되어 있다. 다른 자료도 항 투아가 관련되어 있는데, 그가 항 카츄리(Hang Kasturi) 출신의 왕실 장사와 씨름을 해서 이긴 공로로 받은 역할이라고도 하였다. 말레이 술탄국(國)은 말라카가 포르투갈에 함락된 이후에도 해군 제독의 지위를 유지하였다.(『말레이 술탄국의 기술』)

17 귀족들은 말라카의 중요한 인력이었다.

항 투아 영웅 전설은 공직(公職)이 말라카 이전에 말레이 술탄국에 어떻게 충원되었는지를 잘 설명하고 있다.

선발 책임은 정부 수반의 권한이었다. 현직 총리가 네 개의 가문에서 펨베사르 엠팟(Pembesar Empat)으로 알려진 네 개의 최고

직을 수행할 네 명의 귀족을 선발하였다. 이후 총 20명의 귀족들이 펨베사르 엠팟 밑에서 일할 행정관으로 선발되었다.

후에 가장 교육을 잘 받은 귀족 8명이 사령관(commanders)으로 선발되었는데, 이 직위는 지방영토를 다스리는 지방관의 직위와 동등하였다. 왕실에 있는 공직으로는 심부름하는 소년 40명과 환관 40명이 있었다.

총리는 카피탄 갈리(Kapitan Ghali)의 도움으로 국가안보와 무역문제를 관리하였다. 감독관 또는 일부의 경우 왕과 유사한 카피탄 갈리는 도시의 입구로 들어오는 강어귀를 감독하는 임무를 맡았다. 다른 임무로 10분의 1의 세금을 거둬들이는 시스템과 같은 상업관리와 일종의 바다의 왕으로서 해상위협에 대응하는 제1방어선 업무를 담당하였다. 이 직위는 나중에 세티아 네가라(Setia Negara)로 이름이 바뀌었다.(『항 투아 영웅 전설』)

18 테멘궁(Temenggung)은 말라카의 범죄 사건을 담당하였다.

동시에, 그는 사법적 종교법(Canon Law)과 해상법을 관리, 감독하였다. 공안책임자로서 그는 코끼리를 타고 상업지역에 왕실행차를 나가는 술탄을 호위하였다. 또한 각종 행사와 의전을 담당하였는데, 이 업무에는 무역상인들이 사용하는 저울추를 결정하는 것을 담당하는 경찰청장 같은 업무도 포함하였다.

술탄 알라우딘 샤의 통치 기간에 테멘궁은 말라카 다리 위에서 일어난 절도범 살인사건을 미리 파악하지 못하여 어려움에 처하였다. 이 사건은 술탄이 개입함으로써만이 해결되었다. 술탄 마흐무드 샤의 통치 기간에 테멘궁이었던 툰 하산은 뇌물을 받지 않는 것으로 유명하였다.(『말레이 연대기』, 크루센스턴 판)

19 다툭 나라 디라자(Datuk Nara Diraja)는 말라카의 재무상 (chief treasurer)이었다.

왕실 행사와 재무부의 최고 책임자로서, 그는 말라카의 모든 항만장(harbormaster)들을 감독하였고, 무역상인들과 공공 서비스에 관한 문제를 관리하였다. 그는 또한 왕실 재산을 유지하는 것 외에도 세입을 결정하였다.

그의 역할은 또한 말라카의 금을 관리하는 회계단과 밀접한 관계를 유지하는 것이었다. 이들 금 회계사들(gold accountants)은 개인적 이득을 취하는 업무에 봉사하지 않았다. 대신에 그들은 자신들이 봉사를 한 것에 대해 미리 약정한 보수를 받았다. 말라카의 술탄들은 그들에게 매년 1과 1/3 파운드 상당의 금을 지급하였다. 금 회계사 자리는 술탄과 귀족들에게 봉사하는 자리였기 때문에 매우 제한적이었다.(『동쪽으로 가라』)

20 16세의 나이에 항 투아와 그의 동료들은 레당(Ledang)산 인근의 탄둑(Tanduk)산 기슭에 있는 구아 바투(Gua Batu)에서 훈련받았다.

그들의 스승은 세리 페르탈라 에마스(Seri Pertala Emas)였다. 그 소년들은 150일 동안 밤낮으로 엄격한 무예훈련을 받았다.

이후 그들은 일상생활을 영위하기 위해 가족들 품으로 돌아갔다. 2년쯤 세월이 지나갈 무렵 그들의 갈고 닦은 무예가 행동으로 필요한 사건이 벌어졌다. 항 투아와 그의 친구들은 그들이 탄둑산에서 세리 페르탈라 에마스 스승으로부터 배운 기술을 사용하여 파두카 라자(Paduka Raja) 총리를 치명적인 죽음의 위험에서 구하였다.(『말라카 제독 항 투아 이야기』, 특별판)

21 술탄 만수르 샤는 귀족들과 전령(傳令)들이 학업을 수행할 수 있도록 장학금을 하사하였다.

그는 배우기를 희망하는 귀족들과 공직자들에게 필요한 재정지원을 하였고, 그들을 격려하였다. 그의 후원 활동은 통치 이후에도 말라카의 발전에 지대한 공헌을 하였다.

지식은 말라카가 제국의 확장을 공고히 하는 데 중요한 역할을 하였다. 이러한 목적을 달성하기 위해 술탄들은 학업에 대한 자금 지원을 통해 인재 개발에 초점을 맞추었다.

당시 중요한 학문 분야는 무기생산, 외국어, 가축 사육(축산학), 항해, 건설, 이슬람 신학 등이었다.(『말레이 술탄국의 기술』)

22 말라카는 그들이 선택한 항만장의 지휘 아래 인종에 토대를 둔 사법체계를 운용하였다.

무역상들은 인종에 따라 귀족들이 관리하였다. 이 사법체계는 특히 무역상들에 대한 공적인 재판을 수립하기 위해 민사 및 관세 사건을 포함하였다. 그래서 귀족은 관청이나 그의 공적인 거소(居所)에서 재판을 통해 각 사건을 다루도록 되어 있었다. 술탄 무자파르 샤는 많은 위법행위를 범죄화한 이슬람법을 만들었다. 그것은 그가 이슬람 재판에 정통한 학자들에게 자문하여 주도적으로 시행하였다.

술탄 마흐무드 샤는 이를 보충하기 위해 해상법을 도입하였다. 그것은 해상 침범이나 해상 무역에 관련된 모든 사건을 구체적으로 해결하기 위한 목적을 가지고 있었다.(『말레이 술탄국의 기술』)

23 마하라자 세티아(Maharaja Setia)라는 타이틀은 항 레키우 (Hang Lekiu)의 귀족 계급이었다.

항 투아의 선박을 호위하는 동안에 그의 왕실 선박이 술룩 공작(Duke of Suluk)—그의 아버지가 브루나이의 술탄 술라이만(Sulaiman)임—의 공격을 받아 심하게 훼손되었다. 이 공격은 원래 살상을 목적으로 한 것이 아니었고, 항 투아의 기량을 시험해 볼 목적이었다.

그러나 말라카 함대의 대응은 치명적이었다. 술룩 공작은 체포되었고, 브루나이로 추방되기 전에 말라카로 끌려왔다. 항 레이쿠는 항 투아의 친구들 가운데 한 명이었으며, 그는 사령관으로서의 화려한 복무경력으로 유명하였다. 그와 같은 신임으로 그는 술탄 만수르의 마자파힛(Majapahit) 국빈 방문 때 그를 수행해서 안전과 신변을 보호한 최고의 군인 가운데 한 명이었다.

야전 밖에서 항 레키우는 총리를 돕는 업무에 관여하였다. 말레이 고문서에 따르면 항 레키우는 '마하라자 세티아(Maharaja Setia)'라는 칭호를 받았다.(『역사적 관점에서 바라본 항 투아』)

24 말라카에는 23개의 보호령과 백성들이 있었다.

말라카 법(Hukum Kanun Melaka)에 따르면, 술탄 무자파르 샤의 법에 대한 강조사항은 23개의 모든 행정 국가(States)에 대한 적합성이었다. 모든 형태의 재판은 실행되기 전에 모든 관련 행정가들 사이의 조정기간을 거쳤는데, 이는 동일한 형벌이 어떤 행정 국가에서라도 적용될 수 있도록 하기 위해서였다.

술탄 무자파르의 통치기간에 제국이 급속히 팽창한 것은 옛 말라카(Old Malacca)에 비하여 어떤 새로운 것이었다. 새로운 지역은 시암인들의 위협이나 전쟁에 대한 대응의 결과로 말라카에 편입되었다. 그래서 말라카는 동(東)수마트라에서 말레이반도 동쪽에 이르기까지 23개 국가를 가진 제국이 되었다.

싱가포르와 벤탄(Bentan)섬의 동쪽에 있는 다른 왕국도 말라카의 세력권 안에 있었다.

말라카의 통치하에 있던 국가 명단은 다음과 같다.

1) 벤탄	7) 탄중 투안	13) 캄파르	19) 켈란탄
2) 싱가포르	8) 파항	14) 시악	20) 파타니
3) 쿠알라 링기	9) 베르남	15) 메르바우	21) 케다
4) 퉁칼	10) 켈랑	16) 테렝가누	22) 베루아스
5) 딩딩	11) 제람	17) 링가	23) 만중
6) 주그라	12) 랑갓	18) 로칸	

이들 국가들의 제국 가맹은 술탄 만수르 샤에서 술탄 마흐무드 샤의 통치 기간에 이르는 시기에 시작되었다. 모든 국가는 술탄이 승인한 왕이나 귀족에 의해 통치되었고, 이들 왕이나 귀족

은 텔라나이(telanai), 즉 총독이나 추장으로 불렸다.(『말레이 연대기』, 크루센스턴 판)

25 샤반다르(Syahbandars)는 말라카 제국의 경제발전에 중요하였다.

그들의 임명은 무역 단체에 대한 대표자로서 반드시 총리의 승인을 통해 이루어졌다. 그들은 대개 그들이 관리하는 무역 상인들에 대한 외국어의 능통성 여부에 따라 선발되었다.

항만장으로서 그들은 선박의 접안 위치를 결정해서 선박의 운송을 통제하였다. 그들은 정부가 부과하는 세율에 따라 무역상들에게 세금을 징수하였고, 부두에서 창고까지의 선적과정을 감시하였다. 이 직위는 영국 등 유럽국가들의 항만장과 놀라울 정도로 유사하였다.(『말레이 연대기』, 크루센스턴 판)

26 아홉 명의 귀족이 술탄 제국정부를 이끌었다.

말라카는 총리 지위의 뛰어난 귀족들 덕분에 14세기와 15세기에 평화로웠다. 그들은 행정과 경제 계획에서부터 왕위 계승 문제까지 모든 것을 결정하는 중요한 임무를 담당하였다. 말라

카를 이끌었던 아홉 명의 총리 명단은 다음과 같다:

1) 툰 페르파티흐 툴루스(Tun Perpatih Tulus)

2) 라덴 바구스 벤다하라 세리 와 라자(Raden Bagus Bendahara Seri Wa Raja)

3) 라덴 아눔 세리 아마르 디라자(Raden Anum Seri Amar Diraja)

4) 툰 페르파티흐 세당(Tun Perpatih Sedang)

5) 툰 알리 나라 디라자(Tun Ali Nara Diraja)

6) 툰 페락 파두카 라자(Tun Perak Paduka Raja)

7) 툰 페르파티흐 푸티(Tun Perpatih Putih)

8) 툰 무타히르(Tun Mutahir)

9) 벤다하라 테폭 파두카 투안(Bendahara Tepok Paduka Tuan)

   그들은 각국 정부의 행정을 진두지휘하였으며, 술탄의 여러 가지 문제에 대해 조언하였다. 총리는 술탄과 왕자, 속국의 국왕을 제외하고는 모든 사람들을 능가하는 정치권력을 가진 사람으로서 정부 내에서 매우 존경받았다.(『말레이 연대기』, 크루센스턴 판)

27 말라카의 총리는 대부분 전임자와 가족관계에 있었다.

그러나 총리에 대한 최종 임명권한은 재위 중인 술탄이 가지고 있었다. 총리가 그의 자녀를 명백한 대리자로 지정하는 것은 흔히 있는 일이었다.

그런 경우에 술탄은 잠재적 대리자에게 툰 피크라마(Tun Pikrama)라는 타이틀을 부여하였다. 모든 대리자들에게는 때때로 통치와 의식에 관한 그들의 기술을 연마할 수 있도록 중요한 임무가 맡겨졌다.(『말레이 연대기』, 크루센스턴 판)

28 해군 제독은 말라카 해협과 무역로에서 해적을 소탕하는 임무를 담당하였다.

이외에도 해군 제독은 술탄과 총리의 안전을 보장해야 했다.

이에 앞서 국가의 안전은 세리 비자 디라자(Seri Bija Diraja)의 역할이었으며, 이는 다른 사령관들과의 공동 부담 형태로 이루어졌다. 말라카 술탄국에는 5명의 해군 제독이 있었다.

1) 락사마나 항 투아(Laksamana Hang Tuah)
2) 락사마나 항 제밧(Laksamana Hang Jebat)

3) 락사마나 툰 비아지드(Laksamana Tun Biajid)

4) 락사마나 코자 하산(Laksamana Khoja Hasan)

5) 락사마나 항 나딤(Laksamana Hang Nadim)

　해군 제독은 보통 전투 능력을 향상시키기 위한 무예를 통달하였다. 그들은 대부분 말라카 지휘관들의 주요 지도자가 되었다. 항 투아는 다양한 색깔의 옷을 입었다. 그의 투구는 남색, 자주색 및 청색의 혼합 색깔로 되어 있었다. 셔츠는 초록색이었고, 노란색 벨트가 있었다. 그는 노란 바지 위에 빨간색의 장식용 옷자락을 둘렀다. 그에게 필요한 무기와 용수 공급은 대개 총리가 충족시켜 주어야 했다.

　비록 해군 제독은 다른 귀족들과 달리 제한된 권한을 가졌지만, 그들은 술탄의 눈과 귀로서 중요한 역할을 하였다. 해군 제독은 대부분 다른 정부에 대한 술탄의 대사로서 기능하기 위해 카리스마가 넘쳤고, 외교적이었다.(『말레이 연대기』, 크루센스턴 판)

29　말라카는 귀족을 위하여 소유 영지를 아래와 같이 구분하였다.

1) 시안탄(Siantan)국과 주그라(Jugra)는 항 투아의 행정 관할 아래 있었다.

2) 잠비(Jambi)와 퉁칼(Tungkal)은 항 제밧의 행정 관할 아래 있
   었다.

3) 인데라기리(Inderagiri)는 툰 비자 수라의 행정 관할 아래 있
   었다.

4) 탄중 켈링(Tanjung Keling)은 총리의 행정 관할 아래 있었다.

5) 탄중 투안(Tanjung Tuan)은 테멘궁의 행정 관할 아래 있었다.

6) 쿠알라 셀랑고르(Kuala Selangor)는 세리 아가르 디라자(Seri
   Agar Diraja)의 행정 관할 아래 있었다.

7) 메르바우(Merbau, 또는 모립Morib)는 툰 비아지드의 행정 관할
   아래 있었다.

8) 싱가포르는 세리 비자 디라자의 행정 관할 아래 있었다.

9) 세닝 우중(Sening Ujung)은 세리 나라 디라자의 행정 관할 아래
   있었다.

10) 캄파르(Kampar)는 말라카의 술탄 알라우딘 샤의 왕자인 술
    탄 무나와르에 의해 통치되기 전에, 공작 또는 말라카 총독
    으로서의 세리 나라 디라자의 행정 관할 아래 있었다.

11) 부루(Buru)는 툰 피크라마 파두카 투안의 행정 관할 아래 있
    었다.

12) 제람(Jeram)은 파두카 세리 치나(Paduka Seri Cina)의 행정 관할
    아래 있었다.

13) 숭가이 라야(Sungai Raya)는 락사미 코자 하산(Laksama Khoja
    Hasan)의 행정 관할 아래 있었다.

14) 파항(Pahang)은 세리 비자 디라자의 행정 관할 아래 있었고, 나중에 파항의 술탄으로서 술탄 무하마드의 행정 관할 아래 있었다.

이 귀족들은 지방세의 일부분에서 개인적인 수익을 창출하였고, 안전을 위한 통제나 지역경제 개발과 같은 의무도 잊지 않았다. 그리고 소유 영지는 술탄의 자유재량에 따라 결정되었다. 때로는 어떤 귀족이 소유 영지를 현재의 이익에 따라 확장하는 경우도 있었다. 이러한 확장을 정당화할 수 있는 요인은 그 귀족이 술탄에 바치는 봉사 여부에 달려 있었다. 그가 봉사를 많이 하면 할수록 영토도 더 넓어졌다. 이 귀족들은 소유한 영지에 머무를 의무는 없었다. 대개 그들은 지도력을 부하에게 위임하였다.

수입 외에도 이 영지들은 귀족들이 다른 정부에 대항하여 전쟁을 할 때 보병들에게 군수품을 공급하는 근거지였다. 모든 소유 영지가 인구가 많았던 것은 아니다. 인구의 차이가 왜 세입이 귀족마다 달랐는지를 설명해 준다. 소유 영지는 또한 뛰어난 업적에 대한 보상으로서 신분의 상징이 되었다.(『역사적 관점에서 바라본 항 투아』)

30 말라카의 알라이(Alai) 마을에 사는 항 나딤(Hang Nadim)의 후손들

항 나딤은 항 제밧의 아들이었고, 그의 귀족 이름은 상 나야(Sang Naya)였다. 술탄이 그를 보내어 귀한 옷감을 구하도록 하였으나 실패함으로써 그는 불명예를 얻었다.

그러나 나중에 툰 테자(Tun Teja)를 잘 꼬드겨서 말라카의 왕비가 되게 하는 데 성공하였고, 항 나딤은 후한 상을 받았을 뿐만 아니라 금과 은으로 된 화려한 의복까지 하사받으며 복권되었다. 또한 그는 '상 나야'라는 칭호를 받았다. 그 외에도 술탄 마흐무드 샤는 항 나딤을 켈라탄 출신의 코벡(Cobek) 공주와 결혼시켰다. 항 나딤은 툰 맛 알리(Tun Mat Ali)라는 이름의 아들과 나중에 손자 툰 함자(Tun Hamzah)를 두었고, 계속해서 대가 이어져 말라카의 알라이에 살았던 툰 알리(Tun Ali, 세리 페탐Seri Petam으로 불렸음)가 후손이었다.

그 밖에, 항 나딤이 툰 테자와 싸울 때 도왔던 시디 아흐마드 선장도 의복과 안디카 멘테리(Andika Menteri) 또는 툰 세티아 디라자(Tun Setia Diraja)라는 호칭을 받았다. 원래 그는 파항에 살고 있던 뱃사공이었다. 그는 쿠알라 파항에 있는 자신의 범선에 항 나딤과 툰 테자를 태우고 왔다 갔다 했던 사람이었다. 그는 먼 바다에 나가서 선미(船尾)를 잃어버리고 말라카로 다시 돌아온 적도 있었다.(『말레이 연대기』, 크루센스턴 판)

31   툰 비아지드(Tun Biajid) 해군 제독은 항 투아의 아들이 었다.

그는 인도네시아 벵칼리스(Bengkalis)의 메르바우(Merbau)를 통치하였고, 말라카의 북쪽 측면의 항구를 관리하였다. 술탄 마흐무드와의 알력으로 툰 비아지드는 사임하고 싱가포르로 이주하였다.(『말레이 연대기』, 크루센스턴 판)

32   코자 하산(Khoja Hasan) 해군 제독은 항 투아의 사위였다.

그는 페르시아 출신으로 툰 시라(Tun Sirah)와 결혼함으로써 항 투아의 가족이 되었다. 항 투아의 사망 이후 코자 하산은 해군 제독의 지위를 물려받았으나, 술탄 마흐무드가 그를 어떤 문제에 대한 조사를 하는 데 있어 소홀하다고 본 이후 파면시켰다. 코자 하산은 경솔하게도 멘델리아르(Mendeliar)라는 사람으로부터 귀한 선물을 받은 이후 어떤 고소사건에서 그 사람의 편을 들어주었다. 이 부주의는 세리 마하라자 툰 무타히르 총리와 툰 하산 테멘궁의 죽음으로 이어졌다. 그는 파면과 함께 전 재산을 몰수당하였다.

만약 그가 법적 면책권이 없었다면 그도 죽임을 당하였을 것이다. 대신에 그는 펜타르(Pentar)산에서 살다가 죽었다.(『말레이 연대

33 항 나딤 해군 제독은 항 투아가 키운 항 제밧의 아들이었다.

그의 어머니는 당 왕기(Dang Wangi)로서, 당 이낭시(Dang Inangsih)로도 알려져 있다. 말라카의 함락 이후에 해군 제독의 지위에 임명된 그는 포르투갈과의 전쟁에 있어서 32개 전투에 모두 참가하였다. 그는 또한 항 투아의 딸과 결혼하여 아들 툰 맛 알리(Tun Mat Ali)를 얻었고, 그 외에도 부인을 여럿 두어 많은 자녀를 얻었다.

항 나딤은 말라카를 탈환하기 위해 두 번의 공격을 감행하였다. 그러나 포르투갈인들은 성공적으로 그 군대를 격파했고, 그로 인해 그는 도시로의 식량 공급을 차단할 수밖에 없었다. 이 전략은 성공을 거두었는데, 이로 인해 말라카에 심각한 식량부족 사태가 발생하였다. 포르투갈 사람들에 대한 항 나딤의 압박은 고아(Goa)로부터 원병이 도착한 이후 해제되었다. 그 이외에도 항 나딤은 벤탄의 코팍(Kopak)에 있는 술탄의 보호를 책임졌던 가장 중요한 귀족이었다. 그는 성공적으로 성채를 오랫동안 방어하는 데 성공하였고, 이를 통해 포르투갈 사람들에게 엄청난 손실을 끼쳤으며, 말라카의 포르투갈 무역을 교란시켰다.

술탄 무하마드 샤가 캄파르(Kampar)에서 죽은 이후, 항 나딤은 알아우딘 리아얏 샤, 무자파르 샤 2세, 압둘 잘릴 샤 1세, 그리고 알리 잘라(Ali Jalla)와 같은 조호르의 술탄들을 위해 봉직하였다. 그는 죽은 후 벤탈(Bental) 언덕에 묻혔다. 말라카에 대한 포르투갈인들의 통치가 끝난 것은 조호르 출신의 압둘 자밀 해군 제독의 노력에 의해서였다.(『말레이 연대기』, 크루센스턴 판)

34 파항에서 총리직에 처음 오른 사람은 말라카 귀족이었다.

그는 툰 함자(Tun Hamzah)로서 세리 아마르 디라자 총리의 사위였다. 총리가 된 이후 그가 받은 칭호는 세리 아마르 디라자 왕사(Seri Amar Diraja Wangsa)였다. 한편 이전에 파항에서 말라카 총독이었던 세리 비자 디라자의 아들은 말라카 사령관으로 임명되었고, 세리 아카르 디라자(Seri Akar Diraja)로 불렸다.

파항의 지도력은 말라카 귀족들의 잿더미에서부터 시작되었다. 술탄 무하마드가 파항의 술탄으로 봉해지면서, 그는 말레이 사람들 가운데 행정기구를 수립하였고, 재무상과 사령관 역할을 겸하는 테멘궁이라는 중요한 자리에도 임명하였다. 초기의 국경은 세델리 베사르(Sedeli Besar)에서 테렝가누(Terengganu)까지였다. 서쪽으로 파항은 렘바우, 셀랑고르, 그리고 페락과 국경을 맞대고 있었다. 파항의 수도는 푸라(Pura)였으며, 오늘날의 페칸(Pekan) 지역에 해당한다. 파항강은 이 나라에 들어가는 주요 입구였으며, 공격예방과 침입저지의 수단으로서 삼단계의 검문소를 가지고 있었다.

말라카 이전에, 파항은 리고르(Ligor)의 왕에게 조카였던 데와수라(Dewa Sura) 황제의 식민통치를 받았다.(『말레이 연대기』, 크루센스턴 판)

35 판초르(Panchor)는 말라카시가 형성되기 전에 초기 정착지 중의 하나였다.

무아르(Muar)강 상류, 레당(Ledang)산 근처에 위치한 이곳은 파라메스와라가 말라카강으로 옮겨 가기 전에 정착했던 곳으로 짐작되고 있다.

기록에 따르면, 왕과 그의 가족들을 위해 대리석 우물이 지어졌다. 판초르는 말라카가 번성한 상업도시로 발전해 가면서 버려졌다.

몇몇 기록에는 판초르와 그 주변지역은 말림 데와(Malim Dewa)국으로 알려진 말레이 땅(Malay Land)에 있는 초기 정부의 일부분이었다고 인용된다.

그러나 말레이 고문서들에는 이 국가에 대한 언급이 거의 없기 때문에 명확한 역사적 사실이 희박하다. 판초르의 위치는 술탄 알라우딘 샤가 죽은 파고(Pagoh) 근처였다. 이 특별한 지역은 왕실 가족이 오래전에 자주 방문했던 많은 정착지 가운데 하나였을 것이라는 조그만 가능성은 있었다.

비록 술탄이 말라카에서 시작되는 이슬람 순례를 준비하느라 바빴지만, 파고에서의 그의 행방은 이곳에 대한 특별한 중요성을 정확히 묘사하였다. 술탄의 죽음은 사실상 판초르가 왕실의 휴양지였음을 잘 부각한다.(『말라카에 대한 묘사』)

36 술탄 무하마드 샤는 말라카에 있는 왕의 장남이었으며, 파항의 왕으로 즉위하였다.

파항을 통치하는 왕은 한 번도 있어 본 적이 없었다. 과거에 그곳은 치니(Chini), 페칸, 그리고 쿠안탄 지역을 중심으로 한 리고로(Ligor) 왕국의 단순한 식민지였다. 술탄 무하마드 샤는 말라카의 술탄 만수르 샤의 장남이었다.

조직화된 행정체계를 가진 파항의 첫 번째 술탄으로서, 그의 귀족들은 대부분이 말라카 출신으로 채워졌고, 현지에서 뽑은 사람은 매우 일부분이었다. 파항은 모든 면에서 말라카 행정과 유사한 정부를 가졌다. 기록에 따르면, 술탄 무하마드는 사실상 툰 페락의 아들에 대한 죽음의 원인을 제공하였다. 그 사건에서, 툰 베사르가 찬 공이 말을 타고 있던 라자 무하마드의 투구를 정확히 맞췄다.

이 사건 하나만으로 툰 베사르는 즉시 사형에 처해졌다. 슬픔에 빠진 툰 페락은 술탄 만수르에게 라자 무하마드가 차기 왕으로 즉위하면 그를 모실 수 없다고 알렸다. 술탄은 라자 무하마드를 파항의 왕으로 즉위시키는 것으로 반응하였다. 총독이었던 세리 비자 디라자는 파항이 완전한 군주제로 부상함에 따라 소환되었다.(『말레이 연대기』, 크루센스턴 판)

37 툰 무타히르는 툰 페르파티흐 푸티를 계승한 말라카의 총리였다.

그는 술탄 마흐무드보다 더 부자였던 것으로 알려졌다. 툰 무타히르 총리는 술탄 무하마드와 가까운 관계였다. 그럼에도 그것이 바루(Baruh)에 있던 술탄이 보고받았던 무타히르 총리의 통치 위반 행위로 그가 사형에 처해지는 것을 막지는 못했다. 충고를 받았는데도 불구하고 무타히르 총리는 법을 지키기를 거부하였고, 간접적으로 그의 가족이 거의 멸족되는 사태를 맞았다.

이 위반 행위는 술탄 마흐무드를 불안하게 만들었고, 세리 비자 디라자에게도 실행한 것처럼 툰 무타히르의 위반행위들을 적기에 수집하기 시작하였다. 술탄처럼 통치하는 것 이외에도, 툰 무타히르는 총리로서도 매우 영향력이 있었다. 그의 능력은 술탄 이상으로 그의 인기를 솟구치게 만들었다.

그러나 재물에 대한 사랑은 그가 몰락하는 원인이 되었다. 그는 결코 어떤 사람으로부터도 금으로 로비 청탁을 하는 것을 거절한 적이 없었는데, 그가 받은 금이 술탄을 전복시키기 위해 나야나 수라 데와나(Nayana Sura Dewana)로부터 받았다는 중상모략도 부정하지 않았다. 이런 청천벽력 같은 정보를 최대한 이용하여, 술탄 마흐무드는 툰 무타히르에게 스스로를 변론할 어떤 수단도 제공하지 않은 채 단죄해 버렸다. 이후 파두카 투안이 툰 무타히르를 이어 총리가 되었다.(『말레이 연대기』, 크루센스턴 판)

38 툰 하산 테멘궁은 툰 무타히르 총리의 아들이었다.

여러 자녀 가운데 가장 나이가 많았고 잘생긴 용모를 가졌던 그는 아버지와는 다른 삶의 태도를 가졌다. 그는 금을 사랑하지 않았고, 무역상으로부터 뇌물을 받지 않았다.(『말레이 연대기』, 크루센스턴 판)

39 말라카 술탄국의 호칭과 계급

일반적으로 말라카 술탄국에 있는 기관들의 호칭은 산스크리트어 어원에 깊은 뿌리를 두고 있다. 말라카 술탄국의 건국 관점에서, 오직 중요한 호칭만이 술탄국의 기관에 사용되었다.

1) **비두안다(Biduanda)**는 펨베사르 엠팟의 자녀들을 언급하는 표현이었으며, 네게리 셈빌란(Negeri Sembilan)에 있는 귀족 자녀들과 말라카에 도착하는 원 중국인들에 대한 표현이기도 하였다. '비두안다'는 또한 왕족 중에 평민과 결혼한 사람에게 주어진 귀족 명칭이었다.

2) **페리야이(Periyai)**와 **페르위라(Perwira)**는 말라카에 살고 있는 자바인들을 말하였다. 또한 '페리야이'는 체테리아(Cheterias)와 평민의 아이들을 언급하는 데 사용되었다. 동시에, '페르위라'는 페리야이와 평민의 아이들을 가리키는 말이다.

3) **훌루발랑(Hulubalang)**은 전쟁에 참여하였거나 사령관을 위해 일했던 말레이인들에게 부여된 명칭이었다. 그것 외에도 '훌루발랑'은 시다(Sida) 여성의 아이들이나 평민들에게 주어진 명칭이었다.

4) **라자(Raja)**는 어머니가 누구인지 관계없이 왕자들을 언급하는 말이었다.

5) **메갓(Megat)**은 왕족의 여성이 평민과 결혼하여 낳은 아들을 말하였다. 메갓은 누구와 결혼했는지와 관계없이 그들의 아들들이 똑같은 호칭을 갖도록 할 수 있었다.

6) **체테리아(Cheteria)**라는 명칭은 '비두안다' 여성이나 평민

남자에게서 태어난 아이들에게 주어졌다.

7) **시다(Sida)**라는 명칭은 '페르위라' 어머니와 평민 아버지의
자녀들에게 주어졌다.

(『말레이 역사 선집』)

4

말라카와
경제

1 말라카에는 인종적으로 다양한 사람들이 살고 있었다.

일상적으로 통용하는 언어로는 말레이어를 채택하였다. 공공사회는 조화로웠는데, 말라카의 평등 정신이 왕실은 제외하고, 문화적 계급의 정의를 넘어 실천되었기 때문이다. 말라카는 경제활동을 촉진시키기 위해 이민을 적극적으로 승인하였다.(『말레이 술탄국의 기술』)

2 말라카는 두 개의 주요 집단으로 나뉘어 있었다: 말레이인들과 무역상들

무역상들은 말레이족과 동부 사람들, 그리고 서부 사람들로 구성되었다. 일반적으로 말라카의 정착지는 이들 인종 집단에 따라 이름 붙여졌는데, 캄펑자와(자바 사람들 마을), 캄펑치나(중국인 마을), 캄펑클링(인도인 마을) 등이었다. 이런 종류의 다양성은 오늘날까지 여전히 이어져 오고 있다.(『영광스러운 기억의 가장 행복한 왕王 돔 마누엘Dom Manuel의 연대기』)

3 술탄국 시기의 말라카는 국제기준을 따르는 세상에서 가장 혼잡한 항구였다.

　　한때 2,000척의 배가 이 무역항에 정박할 수 있었다. 혼잡을 피하기 위해 주그라(Jugra), 벤탄, 그리고 탄중 비다라의 항구가 말라카항으로 들어가기 전에 임시 대기항의 역할을 하였다. 허락을 받으면 상선들은 상업목적으로 진입할 수 있었다. 그 이외에도, 말라카항은 전 세계의 모든 형태의 선박들에 인기 있는 목적지였다.

　무역로의 중심으로서, 선진화된 문명의 많은 배를 이곳에서 찾아볼 수 있었다. 그들의 존재는 선원들과 무역상들 사이에 선박 건조기술에 관한 정보교류를 촉진시켰다. 그들은 선박건조 모델을 모방하고, 그들 자신의 기술을 개선하기 위해 해상 규정(maritime definitions)을 사용하기 시작하였다. 16세기부터 20세기까지, 많은 말레이 선박들은 외국 문화의 영향 아래 있었고, 그 반대도 마찬가지였다고 믿어지고 있다.(『두아르테 바르보사의 책』*)

---

* 두아르테 바르보사(Duarte Barbosa)는 16세기 포르투갈 탐험가이다.
―역주

4   사업가들과 무슬림들은 교외에 살지 않았다.

팔리캇(Palikat) 상인들은 부자로 유명하였다. 말라카의 부
(富)는 바하라에서 사용하는 단위나 포르투갈 킨타(quintaes) 단위
를 사용하여 금으로 측정되었다. 사람들은 상품을 세 척의 배에
한꺼번에 실어서 통째로 살 여유가 있었는데, 특히 현지 무역상
인들은 배에 실린 상품 전체를 통째로 사는 것으로 알려졌다.

말라카의 사업가들은 일반적으로 소규모 무역에 종사하는 현
지인 집단과 수출입에 종사하는 무역상인들 집단으로 분리되어
있었다. 현지 사업은 일반적으로 우페(Upeh)의 길 주변에 여성들
이 경영하는 사업으로 구성되었다. 반면에 무역상인들은 그들
의 배를 타고 거래를 하였다. 그들 모두의 활동은 귀족들에 의
해 감독받았다. 현지 사업가와 무역상인들 모두에게 세금이 부
과되었다.(『영광스러운 기억의 가장 행복한 왕王 돔 마누엘Dom Manuel
의 연대기』)

5   말라카는 향신료 무역의 중심지였다.

이슬람 무역상인들에 대한 이들 상품의 공급은 실제로 유
럽인들, 특히 포르투갈인들의 눈을 사로잡았다. 향신료 무역은
포르투갈이 필사적으로 마카오를 차지하려고 했던 첫 번째 이유

다. 기독교 복음 전파는 부차적인 이유였을 뿐이다. 그 당시 향신료는 음식의 맛을 좋게 하고, 음식을 보존하기 위해 모든 사람들에게 중요하였다.

아랍상인들의 독점으로 인한 이 카르텔을 깨트리기 위해 서구 무역상들은 불타는 시도로 격랑의 바다에 뛰어들었다.(『말레이 술탄국의 기술』)

6   말라카는 자국에서 향신료를 재배하지 않았다.

무역의 구성요소가 되는 알후추(peppercorns)와 같은 것들은 동남아의 다른 곳에서 확보되었다. 말라카는 자신의 군사적 기량을 주변지역의 경제적 자원을 말라카항으로 가져오도록 강제하는 데 사용하였다. 또한 외국 무역상들은 상품 생산자와 직거래하는 것이 금지되었다. 이러한 노력은 발달된 무역 중심지로서의 말라카에게는 경제적으로 합당하였다.(『영광스러운 기억의 가장 행복한 왕 돔 마누엘의 연대기』)

7   말라카는 15세기와 16세기에 가장 큰 무역 중심지였다.
아시아의 모든 나라는 자연스럽게 그들 자신만의 항구를
가지고 있었다. 그러나 어떠한 항구도 말라카가 자랑했

던 규모와 활동을 능가하는 경우는 없었다. 이 항구는 중국과 일본으로부터 온 모든 탐나는 무역 상품들을 가지고 있었다. 여기에서 거래된 대부분의 상품은 인도, 아라비아, 그리고 페르시아로부터 유래된 것들이었다.

장마철이 끝나갈 무렵에 모든 상품들은 일반적으로 말라카에 집적되었다. 이 항구 자체는 몇 개의 다른 항구들과 결합 네트워크를 구성하고 있었다. 무역사절단들은 최종적으로 말라카항에 들어가기 전에 쿠알라 셀랑고르, 주그라, 탄중 투안, 링기, 그리고 탄중 비다라(Tanjung Bidara)와 같은 항구들을 거쳐야 했다. 반면 남쪽으로는, 바다를 통해 말라카를 향해 도약하기 전 벤탄에서 싱가포르까지 항구가 시작되었다. 이들 방향에서 오는 모든 선박들은 조직화된 해상 교통 통제를 위해 거의 대부분 하위 항구를 거쳐야 했다.(『영광스러운 기억의 가장 행복한 왕 돔 마누엘의 연대기』)

8   말라카항은 동남아 국왕들이 사계절 그들의 개인적인 상품을 구매하는 왕실의 거래처였다.

범선과 선박들이 계절풍의 변화에 따라 말라카에 정박하였다. 그들은 감당할 수 있는 만큼의 세금을 내야 했다. 몇몇 주변국의 왕들은 그들 국가에서 생산한 상품을 독점하였다.

　그러나 그들 대부분은 중앙 집중화된 말라카에서 보호국이나 정복된 나라의 왕들이 매년 경의를 표하는 개방정책을 실시하였다. 푸짐한 공물과 문화공연은 또한 말라카의 술탄에게 바치는 선물의 일부분이었다. 사형과 관련된 모든 것은 술탄의 공식적인 동의를 필요로 했기 때문에, 말라카는 상업 및 행정 목적으로 끊임없이 방문되는 곳이었다.(『영광스러운 기억의 가장 행복한 왕 돔 마누엘의 연대기』)

9　말라카항은 서아시아, 동아시아, 그리고 동남아시아로부터 한꺼번에 60개 나라의 무역상들을 받아들였다.

　그 시기에 다음과 같은 곳에서 무역상들이 왔다: 아덴, 아라칸, 아르캇, 아르메니아, 아루, 반다, 방카, 벵골, 비마, 브루나이, 캄보디아, 참파, 차울, 중국, 코친차이나, 답홀, 데칸, 이집트, 에티오피아, 호아, 구자라트, 호르무즈, 인데라기리, 잠비, 자바, 칼링가, 카파타, 케다, 킬와, 라우에, 링가, 루코에스, 마두라, 말라바르, 몰디브, 말린디, 메카, 미낭카바우, 몰루카스, 오리사, 파항, 팔렘방, 파사이, 파타니, 페디르, 페구, 페르시아, 로마, 시악, 시암, 스리랑카, 순다, 타이완, 타미앙국, 탄중 푸라, 티모르, 통칼, 터키, 그리고 또한 투르크멘.

말라카는 두 가지 이유로 많은 무역관계를 향유하였다. 이미 언급한 바와 같이 이들 무역상들은 계절풍을 이용해서 무역을 하였다. 또한 그들은 동쪽이나 서쪽으로부터 반입되는 상품을, 보다 싼 가격에 도매시장에서 구매하기를 기다렸기 때문이다.(토메 피레스의 『동쪽으로 가라』)

10   말라카에서는 84개의 언어가 사용되었다.

그러나 사람들과 무역상들 간의 그와 같은 다양성은 각국의 행정관리와 다른 무역상들이 상호교류를 위해 말레이로 몰려들게 하는 요인이 되었다. 말라카의 귀족들과 항만장들은 무역상들과의 상업거래를 용이하게 하기 위하여 몇몇 외국어를 통달하였다. 항만장들은 최소한 두 개 또는 다수의 외국어를 습득할 것이 요구되었다.

말라카에서의 언어 다양성은 말레이어 어휘에 강력한 영향력을 미쳤다. 현대 말레이에서 많은 단어들은 이들 무역상들이 썼던 외국어에서 유래되었다. 그와 같은 언어들은 아랍어, 중국어, 네덜란드어, 자바어, 페르시아어, 포르투갈어, 타밀어, 그리고 우르두어였다.(토메 피레스의 『동쪽으로 가라』)

11   고아* 무역상들은 1월에 말라카에 도착해서 4월에 돌아 갔다.

그들은 고아와 말라카의 양쪽 항구 사이를 40일간에 걸쳐 항해하였다. 그들이 말라카에서 구입한 상품은 주로 구리, 단검, 금으로 코팅된 장식함, 금으로 된 동전, 사향, 비단과 칼 등이었다. 그들은 또한 알후추와 정향(cloves) 등도 구입하여 귀국하였다.

고아는 인도에 있는 한 국가로서, 그곳의 왕은 무역에 대한 독점권을 행사하였다. 해마다 왕실 무역상들이 말라카로부터 금을 수입하였다. 그들은 타밀어나 우르두어에 유창한 항만장들에 의해 관리되었다. 그러나 말라카에서의 그들의 목적 이외에 그 무역상들에 대한 다른 자세한 사항은 알려지고 있지 않다.(극동에 있어서 포르투갈의 후원後援의 역사에 관한 문서)

---

* 고아(Goa): 인도 남서 해안에 있는 옛 포르투갈 영토. 1510년 포르투갈의 아폰수 달부케르케가 점령한 이래 포르투갈의 식민지가 되어 포르투갈과 동양 각국의 상업무역 중계지 역할을 하였다. —역주

12   중국 무역상들은 4월에 말라카에 도착해서 한 달 이내로 떠났다.

이 두 제국 사이의 거리는 30일 항해의 거리였다. 그들은 백악(백색 연토질 석회암), 콜리잠스(colnijams), 사향, 대황(rhubarbs), 새틴, 비단 등을 가져왔다. 그들이 돌아갈 때는 보통 정향과 알후추를 가져갔다.

말라카는 도시가 만들어진 이래 중국과 우호적인 관계를 유지하였다. 말라카는 향료나 금과 같은 사치품과 귀중품을 가지고 있었다. 명 왕조는 경제 친화적이었고, 말라카와의 활동을 통해 번성하였다. 또한 그들의 관계지향적인 정책은 중국과 말라카 사이의 무역로를 안전하게 만들었다.(극동에 있어서 포르투갈의 후원의 역사에 관한 문서)

13   자바 무역상들은 10월과 11월에 도착하였다.

그들은 쌀, 알후추 열매, 그리고 노예들을 수출하였다. 말라카항에서 그들은 페디르(Pedir)가 짐을 내리고 후추를 거기서 팔도록 만들었다. 그들은 보통 50~60명씩 단체로 도착하였다.

말라카의 술탄들은 마자파힛의 왕들과 관계가 있었다. 한 측면에서, 어떤 술탄은 마자파힛의 공주와 결혼하였다. 또한 술탄 알라우딘은 마자파힛 왕의 손자였다. 정치 및 무역 관계 외에도, 말라카의 용병 중에 자바 출신의 용병들이 일부 있었다. 그래서 양쪽은 서로 좋은 관계를 공유하였고, 자바인들에게는 캄펑자와라는 특별 정착촌이 배정되었다.(극동에 있어서 포르투갈의 후원의 역사에 관한 문서)

14 벵골 상인들은 4월에 도착하였다.

그들은 보통 35~40일 동안 항해하였으며, 알후추를 수입하여 9월에 귀국하였다. 수출된 상품은 의류, 목화, 식품 방부제, 쌀, 설탕 등이었다. 벵골은 인도 벵골만에 있는 이슬람 국가였다. 그들은 16세기까지 몇몇 왕조에 의해 통치되었으며, 나중에 무굴제국과 버마의 아라칸 므락우(Arakan Mrauk U) 제국의 출현과 함께 부분적으로 통합되었다. 오늘날의 방글라데시, 동인도, 그리고 서미얀마 지역에 해당된다. 말레이 사람들 사이에 그들은 벵골인들로 잘 알려져 있다.(극동에 있어서 포르투갈의 후원의 역사에 관한 문서)

15 페구(Pegu) 상인들은 4월에 도착하였다.

그들이 가져온 상품은 품질이 매우 우수한 사향, 쌀, 루비, 그리고 광택제 등이었다. 그들은 말라카로부터 알후추를 수입하였다. 그들의 사업은 왕족들의 독점이 없었기 때문에 자유로웠다. 또한 그들의 외모는 말라카에 살고 있는 대부분의 말레이 사람들과 유사하였다.

페구는 몬족이 서기 800년부터 세운 왕국이었다. 그들의 존재는 역사서설인 『무카디마(Muqaddimah)』의 저자인 이븐 할둔(Ibn Khaldun)의 기록에 나타나 있다. 페구 왕국이 황폐화된 것은 1757년 버마 알라웅파야(Alaungpaya)*의 공격이 일어난 이후였으며, 이와 함께 지진과 같은 자연재해가 계속적으로 발생하여 쇠퇴의 길로 접어들었다.(극동에 있어서 포르투갈의 후원의 역사에 관한 문서)

16 말라카는 주요 금 수출국이었다.

매년 말라카는 9~10바하라(bahara)의 금을 수출하였다. 파항의 금광은 대개 도달하는 데 7~8일 걸리는 깊은 지하에 있었다. 그 금은 이후 육로를 통해서 말라카로 수송되었다.

또 다른 광산은 미낭카바우(Minangkabau)에 있었는데, 바다나

---

* 버마 꽁바웅 왕조의 창시자(재위 1752~1760) —역주

강 길을 통해 도착하는 데 8~9일 걸렸다. 말라카의 금은 모래 입자 같은 형태로 되어 있었고, 현지에서는 우라이(urai)로 불렸는데, 단순한 도구를 사용하여 전통적인 방식으로 채취되었다. 금은 대부분 채취 목적으로 강 가까이에서 채굴되었다.

말라카인들은 금과 관련된 금기사항들이 몇몇 있었다. 예를 들면, 광부들은 채굴 중에 신발을 신어서도 안 되고, 우산을 써도 안 되었다. 또한 금에는 다른 곳으로 옮겨갈지도 모르는 어머니가 있다는 믿음이 있었다. 만약 그런 일이 벌어지면, 자원으로서의 금은 그때부터 궁극적으로 그 광산에서 사라지게 된다.

오늘날 말라카의 광산은 파항국에 속하였다.(극동에 있어서 포르투갈의 후원의 역사에 관한 문서)

17 말라카는 일본의 류큐(Ryukyu)와 무역 교류가 있었다.

이 관계는 장기적인 관계를 의미하며, 활, 후추, 안장, 그리고 소금 등을 거래하였다. 항 투아 제독 자신도 류큐에 사신으로 갔던 말라카 귀족 중의 한 사람이었다고 기록되어 있다. 일본의 관심은 무역의 중심지로서 말라카의 중요성을 다시 한번 부각시켰다. 이것은 극동에 있어서 중국만이 유일한 무역 파트너가 아니었음을 증명하였다.

상품 측면에서, 류큐는 중국과 달리 상대적으로 조그만 무역

파트너였으며, 이에 따라 말라카에 대한 일본의 실제적인 영향은 제한적이었다. 일본의 다른 지역과 비교해서, 류큐는 상업적 측면에서는 다소 발전하였다.

전성기에는 류큐가 오키나와, 아마미, 그리고 야에야마를 병합하여 그 영향권 내에 두었다. 1879년 3월 11일 이후 류큐는 메이지 일왕 통치하의 현대 일본에 통합되었다. 류큐는 규슈와 타이완 사이의 태평양에 위치하고 있었다. 가라테가 유산으로 남아 있으며, 가장 큰 섬인 오키나와가 있다.

류큐는 또한 인종적으로 아이누족이나 선사시대 일본에 살았던 조몬(Jomon)족과 관련이 있다. 류큐라는 단어는 중국 수나라 때 처음으로 기록에 등장하였다.(『말레이 연대기』, 크루센스턴 판)

18 말라카의 금가루는 미낭카바우(Minangkabau)와 파항에서 생산되었다.

정향은 몰루카(Moluccas)*에서 나왔다. 커피, 육두구(nutmeg), 그리고 백단(sandalwood)은 각각 보르네오, 반다, 그리고 티모르에서 생산되었다.

그와 같은 무역상품 공급은 동양인들과 서양인들의 무역수요

---

* 몰루카 제도: 인도네시아의 동부 술라웨시(Sulawesi) 섬과 뉴기니 섬 사이에 있는 유명한 향료 군도 —역주

를 충족시켜 주었다. 말라카는 무역과 방어의 측면에서 모두 전략적인 위치에 자리 잡고 있었다. 그러나 식량이 부족한 것이 한 가지 문제였다.

토양이 척박하고 자원이 한정되어 있어서 말라카는 자신의 상품을 생산할 수 없었다. 그 도시는 지질학적으로 모래와 습지 위에 위치하였다. 외곽은 탐험되지 않은 정글로서 농업은 한 번도 우선순위로 고려된 적이 없었다.

거주민들은 자바, 페구, 그리고 시암에서 공급되는 쌀에 의존하였다. 심지어 포르투갈 식민지 통치 시절에도, 그 도시는 일상적인 영양 수요를 충족시키기 위해 쌀을 수입해야 했다.(『영광스러운 기억의 가장 행복한 왕 돔 마누엘의 연대기』)

19 말라카는 네 명의 주요 샤반다르(syahbandars), 즉 항구 관리인을 고용하였다.

이 항만장들은 그들의 관할구역에 정박하고 있는 선박들을 관리하였다. 그들은 자신들의 언어를 사용하는 무역 단체들을 관리하였으며, 무역상인들의 도착을 총리에게 보고하고, 물건을 저장할 창고를 나누었다. 또한 그들은 선거(船渠) 시설 구역(dockyards)에서 다른 곳으로 상인들의 숙박을 주선하였다. 무역 상인들은 충돌을 피하기 위해 샤반다르의 지시에 복종하여야 했다.

술탄 마흐무드 샤의 통치기간에 샤반다르들은 말라카의 해상 법을 도입하고 적용하기 위하여 무역상인들 및 선장과 협력하였다. 그들은 또한 항구 관리를 개선하기 위해 세리 마하라자 총리에게 여러 가지 정책을 제안하기도 하였다.

업무에 유능한 샤반다르는 다른 무역상인들로부터 더 많은 이익을 창출하기 위해 항구에 시설을 더 잘 갖추었다.(『동쪽으로 가라』)

5

말라카와 전쟁

1 시암이 처음으로 육로를 통해 말라카를 공격하였다.

　이 공격은 말라카가 시암의 패권을 인정하기를 거부한 후 일어났다. 말라카의 부흥은 사실상 반도 전체를 시암의 멍에로부터 해방시켰다.

　그것 외에도, 인기 있는 경제 중심지로서 말라카는 시암을 불안정하게 만들었다. 오야 차크리(Oya Cakri)의 지휘하에 리고르(Ligor)의 시암 남부 행정지역을 통해 첫 번째 원정대가 출발하였다. 침략군들은 북쪽에서 파항을 공격하기 전에 파타니, 켈란탄, 그리고 테렝가누를 행진해 나갔다. 시암 군대는 베라(Bera)를 잠식하기 위해 파항강을 따라 올라갔고, 이후 말라카를 남쪽에서 공격하기 위해 세르팅(Serting)강과 무아르강 상류로 들어와서 말라카강 어귀에 진지를 구축하였다.

　그러나 이 공격은 말라카의 방어가 잘 되어 있고, 늪지가 있어서 성공하지 못하였다. 남쪽은 말라카인 자신들을 포함해서, 어떠한 적의 공격도 막아낼 수 있는 난공불락의 요새였다. 이는 왜 술탄 마흐무드와 알리 하지 왕, 그리고 옛 조호르 술탄국이 말라카가 함락된 다음 해에 재탈환하는 데 실패하였는지를 설명

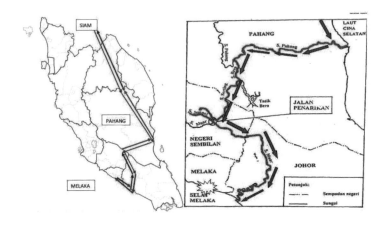

해 준다.

시암의 전략실패는 군대를 무아르강을 거쳐 리고르로 향하는 파항 상류로 퇴각하게 만들었다.(『말레이 연대기』, 크루센스턴 판)

2 시암은 말라카를 다시 공략하기 위한 또 다른 전쟁을 꾸몄다.

육로를 통한 처음의 공격 실패에도 불구하고 새로 군사를 일으켜 공격하겠다는 결의를 꺾지 않았다. 오야 데코(Oya Deco)의 수비대는 말라카를 점령하라는 명령을 확실히 받았다.

이번에는 시암인들이 배를 띄워 군사를 반도 주변으로 실어 나르고, 바투 파핫(Batu Pahat)에 있는 조호르 해상에 정박하였다. 시암인들은 성공을 담보할 개선된 장비에 투자를 하였다고 믿었다. 바투 파핫에서 시암 군대는 툰 페락이 지휘하는 말라카의 방어 상황에 대한 정보를 수집하기 시작하였다.

그러나 그들은 그곳에 너무 오랫동안 머물러서 무기력증으로 스스로 무너졌다. 말라카는 해상에서의 시암인들의 동태를 파악하기 위해 먼저 정찰하는 것으로 대응하였다. 툰 우마르(Tun Umar)는 정탐을 하였고, 실제 공격을 시작하기 전에 적의 힘을 시험하였다.

기습 공격을 통해 툰 우마르는 말라카로부터의 대규모 병력 동원 없이 몇 척의 배를 박살내었다. 갑작스런 공격을 당한 오야 데코의 군대는 추후 있을지도 모를 공격에 대비해 더욱 경계태세에 들어갔다. 툰 우마르의 정찰 정보를 분석한 툰 페락은 거짓 대응작전을 꾸몄다. 그는 야간에 도시 해안선의 모든 나무에 횃불을 걸어두게 하여 밤에는 말라카의 방어가 매우 튼튼한 것으로 보이게 하였고, 낮에는 보이지 않게 하여 시암 군대를 어리둥절하게 만들었다.

오야 데코는 말라카 병력의 숫자를 가늠할 수 없었다. 그는 또한 포위당한 채 역공당할 것을 두려워하였다. 그래서 그는 철수할 수밖에 없었고, 말라카는 두 번째 승리를 거두었다.(『말레이 연대기』, 크루센스턴 판)

3   말라카는 간접적으로 시암의 군대를 무찔렀다.

술탄 무자파르는 죽은 후에 그의 통치권을 잘 지킨 것으로 기억되었다. 후계 술탄인 만수르 샤는 선친의 통치기간에 만들었던 것보다 더 선진화된 방어지침을 수립하였다.

그는 툰 페락에게 파항을 점령하라고 명령하였다. 파항은 시암인들이 말라카를 공략하기 위해 모든 전쟁물자를 비축하는 전략적 요충지였다. 따라서 군수물자 비축센터인 파항을 획득하는 것은 말라카군이 전세를 바꿀 수 있는 중요한 작전이었다.

만약 이것이 실패한다면, 말라카는 과거보다는 현저하게 약해지긴 했지만 시암의 파상적인 보복공격을 계속 맞닥뜨려야 했다.

그러나 군사적으로 승리한다면 파항에서 시암 군대를 뿌리째 뽑아서 몰아낼 수 있었다. 말라카의 세력권과 무역활동이 더 이상 방해받지 않을 것이었다. 무역상인들도 말라카와 시암의 전쟁으로 방해받지 않을 것이었다.(『말레이 연대기』, 크루센스턴 판)

4   말라카는 리고르(Ligor)의 영향권에 있는 파항에 200척의 해군 함정을 상륙시켰다.

파투가 라자 총리는 다음과 같이 위에서 아래로 사령관들을 편제하였다: 툰 피크라마, 툰 비자야 마하멘트리, 세리 비자

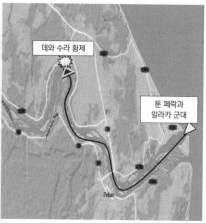

디라자, 세리 비자 피크라마, 툰 수라 티라자, 툰 아마르 디라자, 툰 비자 디라자, 툰 비자 세티아, 상 비자 라트나, 툰 라나, 세리 세티아, 상 나야, 상 구나, 상 자야 피크라마, 상 하리아, 상 라나 수라, 상 자야, 수라 파흘라완, 툰 하리아, 그리고 툰 비자 피크라마. 뛰어난 말라카 군대는 파항을 점령하였고, 파항에 있는 리고르 식민지의 우두머리였던 데와 수라(Dewa Sura) 황제를 포로로 잡았다.

이것은 알려진 적에 대항하기 위해 말라카의 영토를 벗어난 첫 번째 공격이었다.(『말레이 연대기』, 크루센스턴 판)

5 시마오 마르틴스(Simao Martins)가 말라카의 대모스크(the Great Mosque)와 구내 시설물들을 불태웠다.

그는 말라카에서 가장 큰, 당시에 어쩌면 아시아에서 가장 큰 모스크를 파괴하였다. 이와 함께 모든 상품, 특히 값비싼 상품을 불태웠다.

그랜드 모스크로도 알려진 대모스크는 말라카의 공공사회센터였다. 지역민들과 무역상인들 중 무슬림들은 종종 이 모스크를 방문하여 신자로서의 의무를 다하였다. 그것은 말라카 언덕 기슭에 벽돌로 지어졌는데, 이슬람 무역상들의 편의와 함께 제국에 이슬람을 전파하고 있는 선교사들의 임시 숙박시설 용도로 사용될 목적으로 강어귀 가까이에 건축되었다. 건축양식은 누산타란(Nusantaran)의 영향을 깊게 받았으며, 종려 잎으로 덮인 지붕

은 여러 층의 피라미드 모양을 하고 있었다.

그것은 당연히 학자들의 거처이며, 근처 왕궁을 위한 신학적 토론의 장소일 뿐만 아니라 종교를 배우는 장소였다. 그 성스러운 장소는 술탄과 귀족들이, 특히 라마단 기간에 방문하는 곳이었다. 해마다 말라카의 귀족들이 따라오는 의식행렬에 술탄의 터번이 모스크로 가는 길에 놓였다.

포르투갈인들이 이 모스크를 밀어 버리고 허물어진 돌무더기로 도시를 다시 건설하였으며, 말라카 성(Fortaleza de Malaca)이라고 개명하였다.(『포르투갈에 의한 인도제국의 탐험과 정복의 역사』)

6 해군은 긴급한 퇴각을 위해 해안선을 따라 항해하였다.

포르투갈 함대에 대한 그들의 매복은 적선을 불태우는 데 성공하였다. 그러나 그들의 작전은 형세를 전환시켜서 말라카의 함락을 막는 데는 실패하였다.

이 무적함대는 침략자들을 물리치기 위해 말라카 인근 하구에서 구호부대를 실어 나르는 보강선으로 쌍돛대 또는 세 돛의 배들로 구성되었다. 범선 배열로 떠 있는 성채는 사실상 그들의 작전을 지연시킴으로써 방해하는 결과를 가져왔다. 이 공격에서 말라카 사람들은 이전에 포르투갈인들을 물리친 적이 있는 코자 하산, 그리고 툰 하산 테멘궁 제독과 같은 노련한 사령관을 잃었다.

말라카는 결국 이러한 기술적 실수로 해군의 지원 없이 패하였
다.(『포르투갈에 의한 인도제국의 탐험과 정복의 역사』)

7 세리 우다니(Seri Udani)는 시악(Siak)을 함락시키기 위해 상 자야 피크라마, 그리고 악티아르 물룩(Akhtiar Muluk) 의 휘하에 있는 군대의 지원을 받았다.

당시 페르마이수라 황제는 파가루융이 통치하던 시악과 관계가 있었다. 공격의 목적은 말라카에 대한 시악의 복종을 받 아내기 위해서였다.

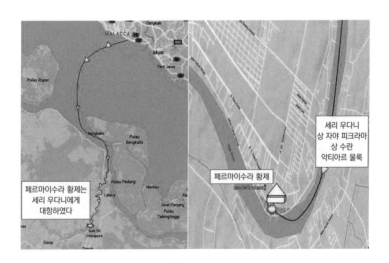

60척의 배로 말라카 군대는 황제를 시악의 강변에서 죽였다. 메갓 쿠두 왕자는 포로가 되어 말라카로 압송되었다. 말라카는 시악이 말라카의 통치 아래 있다는 공식 동의서를 받은 이후에 메갓 쿠두 왕자를 시악의 술탄 이브라힘으로 임명하였다. 또한 술탄 이브라힘 시악은 말라카의 마하데위 공주와 결혼하였으며, 이를 통해 그는 라자 압둘라 시악이라는 이름을 받았다.

이 원정에서 세리 우다니(Seri Udani)는 30척의 중무장 선박과 메랍(Merab) 또는 모립(Morib) 출신의 병사들을 자신이 양성하여 출정시킨 것으로 알려지고 있다.(『말레이 연대기』, 크루센스턴 판)

8   시암은 강둑의 방어를 강화하였다.

말라카는 모든 운송 선박들을 한 곳에 가까이 모은 다음 매복해 있다가 이 도시를 습격하였다. 페르마이수라 황제는 처음에 방어를 지휘하였다. 그러나 악티아르 물룩이 그를 화살로 쏘아 죽였다. 페르마이수라의 죽음은 시암이 항복하고 이 도시가 세리 우다니의 군대에게 함락당하는 결과를 초래하였다. 포로들 가운데에는 고관(高官)인 툰 자나 파키불과 메갓 쿠두도 있었다. 그와 같은 포획의 공로로 세리 우다니는 영예로운 총리직을 수여받았다.

9   말라카는 파사이(Pasai)에 병력을 보내어 술탄 자이날 아비딘(Zainal Abidin)을 즉위시켰다.

술탄 자이날 아비딘은 이전에 형제에 의해 왕위에서 물러난 적이 있었다. 파두카 라자 총리가 군대의 선봉에 섰고, 툰 피크라마, 락사마나 항 투아, 세리 비자 디라자, 툰 텔라나이, 세리 아가르 디라자, 툰 비자야 마하멘테리, 툰 비자 디라자, 상 나야, 상 세티아, 상 구나, 툰 비자 수라, 상 자야 피크라마, 아리아 디라자, 상 라나, 상 수라 파흘라완, 라자 파흘라완, 그리고 라자 데와 파흘라완이 그를 도왔다.

이 공격에서 말라카인들은 두 개의 부대를 편성하였다. 파사이에 있는 부대는 라자 무다가 이끌었고, 그들의 병력 수와 장비는 훨씬 우세하였다. 말라카는 도착과 동시에 나무로 된 성

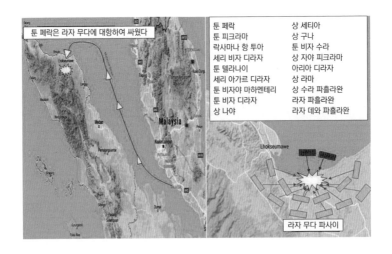

툰 페락은 라자 무다에 대항하여 싸웠다

툰 페락	상 세티아
툰 피크라마	상 구나
락사마나 항 투아	툰 비자 수라
세리 비자 디라자	상 자야 피크라마
툰 텔라나이	아리아 디라자
세리 아가르 디라자	상 라마
툰 비자야 마하멘테리	상 수라 파흘라완
툰 비자 디라자	라자 파흘라완
상 나야	라자 데와 파흘라완

라자 무다 파사이

채를 해안가에 설치하였고, 이는 파사이에서 몰릴 경우 퇴각 장소로 쓸 수 있었다. 적이 패배한 이후 말라카는 술탄 자이날 아비딘을 다시 왕좌에 앉혔다.

파두카 라자 총리는 가장 강력한 사령관이었는데 군사들과 바나나 잎에 앉아서 함께 식사할 정도로 소탈한 사람으로서, 군사들의 사기가 충전하여 말라카가 전쟁에 이길 수 있었다. 그들의 궁술과 나무 성채를 점령하지 못한 적들의 실패로 파사이는 함락되었고, 술탄 자이날 아비딘은 다시 복귀하였다.(『말레이 연대기』, 크루센스턴 판)

10 파두카 투안 툰 테폭(Paduka Tuan Tun Tepok)은 만중(Manjung)을 점령하였다.

이 공격에서 말라카는 만중을 패퇴시켰고 베루아스(Beruas)의 안보위협을 제거하였다. 베루아스의 툰 아리아 비아지드 라자(Tun Aria Biajid Raja) 왕은 나중에 정복된 도시를 통치하였다.

왕위 즉위식에서 툰 아리아 비아지드 라자 왕은 말라카를 바라보며 "말라카의 술탄 마흐무드 만세"라고 외치면서 말라카에 대한 충성을 맹세하였다. 파두카 투안 툰 테폭 총리는 하루(Haru)의 공격을 물리치기 위해 말라카를 이끌었고, 나중에 하루

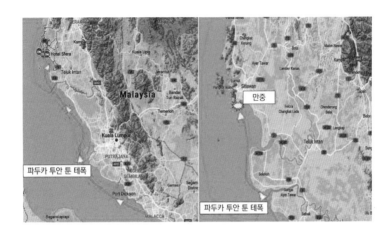

국(國)을 공격하여 그들의 왕이 화친을 청하도록 만들었다.(『말레이 연대기』, 크루센스턴 판)

11 툰 테폭(Tun Tepok)의 능력에도 불구하고, 그가 총리로 임명되기에는 늦은 나이였다.

　　툰 테폭은 세리 마라하자 툰 무타히르가 죽임을 당한 이후 총리로 임명되었다. 당시에 그는 나이가 너무 많았고, 혼자서 움직일 수 없을 정도로 몸이 허약하였다. 처음에는 총리직을 사양하였으나, 술탄 마흐무드가 강제로 임명하는 바람에 마지못해 동의하였다. 그는 툰 페르파티흐 푸티 총리의 조카였다.

　포르투갈인들의 공격 시에, 전쟁의 경험이 많았던 툰 테폭 총리는 도시를 방어하는 데 있어서 극기심이 강하였다. 그러나 그는 세가맛(Segamat), 조호르(Johor)로 후퇴하여야 했고, 거기서 죽었다. 그의 무덤은 현재의 세가맛에서 2킬로미터 떨어진 곳에 위치해 있었다.(『말레이 연대기』, 크루센스턴 판)

12　술탄 마흐무드 샤는 켈란탄의 술탄 만수르가 말라카에 굴복하기를 거절한 후 켈란탄을 점령하였다.

세리 마하라자 툰 무타히르 총리는 술탄 만수르의 항복에 따라 제국의 군대를 이끌어 무혈성공을 거두었다. 술탄의 왕자와 공주는 포로가 되었다.

그러나 켈란탄의 왕자 라자 곰박(Raja Gombak)은 포로로 잡히지

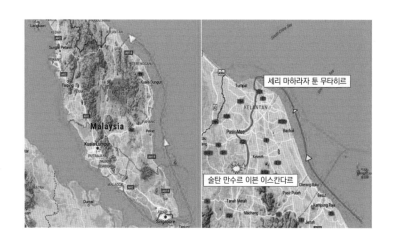

않고 간신히 탈출하였다. 이에 앞서 술탄 만수르는 켈란탄-마자파힛 국의 왕이 되었고, 술탄 만수르 샤 이븐 술탄 이스칸다르(Sultan Mansur Syah ibn Sultan Iskandar)로 불렸다.

술탄 만수르에 대한 말라카의 공격으로 켈란탄의 두 번째 마자파힛국은 끝을 맞이하였다. 그 통치권은 나중에 파타니(Pattani)의 술탄 무하마드 샤에게 넘겨졌다.

이 패배로 파타니와 케다(Kedah)는 시암을 버리고 말라카에 보호를 요청하였다. 말라카로 간 그들의 측근들은 술탄 마흐무드 샤에 의해 받아들여졌다. 술탄 만수르가 패배한 이후 그의 자녀들은 말라카에 포로로 왔다.(『말레이 연대기』, 크루센스턴 판)

13 하루(Haru)의 침입에 대해 말라카가 전쟁을 선포하였다.

하루의 세리 인데라(Seri Indera)가 말라카의 보호국들을 공격하였을 때, 술탄 알라우딘은 총리 툰 테폭, 항 투아, 그리고 세리 비자 디라자에게 대응할 것을 명하였다. 말라카해협의 아렝아렝(Areng-Areng)섬 근처에서 벌어진 이 해전은 100척의 중무장한 강력한 하루의 전력에도 불구하고 말라카의 승리로 끝났다.

그러나 그 전쟁은 또 다른 전투로 이어져 계속되었다. 하루의 왕은 패배를 참을 수 없어 둔군(Dungun)항에 있는 말라카 군대에 대항하기 위해 추가 병력을 파병하였다.

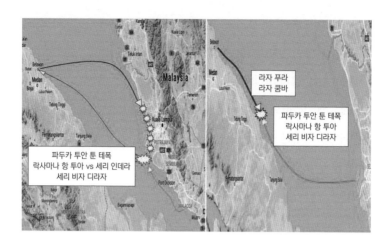

파두카 투안 툰 테폭
락사마나 항 투아 vs 세리 인데라
세리 비자 디라자

라자 푸라
라자 쿰바

파두카 투안 툰 테폭
락사마나 항 투아
세리 비자 디라자

하루는 이번 전투에서도 패배하였고, 하루의 국왕은 화친을 요청하였다. 그 후 하루는 말라카에 대한 존경의 서한을 보내었고, 다시는 다른 보호국을 침략하지 않았다.(『말레이 연대기』, 크루센스턴 판)

14   술탄 알라우딘은 말루쿠의 왕이 스페인 점령군을 몰아내는 것을 도와주었다.

말라카가 보낸 군대에 대한 어떠한 기록도 없는데, 아마 이것은 술탄이 갑자기 파고에서 죽음으로써 말루쿠인들의 노력을 지원해 주지 못해서일 것이다.

이 산악지대에 있는 나라는 동남아에서 향신료, 특히 고품질의 정향을 생산하는 중심지로 유명하였다. 이 나라는 말라카와 아랍 선교사들의 노력을 통해 이슬람을 받아들였다.

　말라카가 함락한 지 1년 후 포르투갈인들은 안토니 다브르(Anthony d'Abreu)와 프란시스코 세라오(Fransisco Serrao)를 보내어 현지인들에 대한 포르투갈인들의 강제 독점과 포교 시도로 인해 끊어진 외교관계를 수립하고자 하였다.(『말레이 연대기』, 크루센스턴 판)

15　말라카는 수마트라 미낭카바우(Minagkabau)의 일부분인 캄파르(Kampar)를 공격하였다.

　　　마하라자 자야 왕은 미낭카바우 출신이었다. 그는 말라카에 굴종하기를 거절하였으며, 이로 인해 술탄 만수르가 캄파르에 대해 군사를 일으키게 되었다.

　캄파르는 미낭카바우에서 금과 향신료를 수출하는 중요한 항구를 가지고 있었다. 그래서 이 공격은 이들 상품을 말라카에서 대신 수출하도록 조심스럽게 준비된 것이었다. 어느 정도까지는 말라카가 세금을 통해 수입을 얻어 갔다.(『말레이 연대기』, 크루센스턴 판)

16 캄파르에 대한 공격 작전은 상 세티아, 상 나야, 그리고 코자 바바의 지원을 받은 총사령관 세리 나라 디라자에 의해 감행되었다.

반대로, 캄파르의 방어는 마하라자 자야와 툰 데망이 이끌었다. 전투 동안에 툰 데망은 코자 바바에게 부상을 입혔다.

그러나 코자 바바는 툰 데망에게 치명적인 화살을 날렸다. 마하라자 자야는 군대를 세리 나라 디라자를 공격하는 데 사용하였다. 그렇지만 코끼리를 타고 가는 도중 창에 맞아 죽었다. 전쟁은 말라카에게 유리하게 전개되었고, 군사들은 상을 받았다. 코자 바바는 악티아르 물룩(Akhtiar Muluk)의 훈장을 받았다.(『말레이 연대기』, 크루센스턴 판)

17 귀족인 세리 비자 디라자는 파항의 총독으로 임명되었다.

툰 페락이 200척의 배를 보내어 파항을 점령하려고 하자, 데와 수라(Dewa Sura) 황제는 페칸(Pekan)의 성채를 버리고 도망갔다. 그는 파항강을 따라 올라갔으며, 리고르로 돌아올 기회를 노리며 상류에 도착하였다.

이 피란 중에 황제는 툰 페락의 전사들에 의해 쫓기는 신세가 되었다. 그들 중의 하나는 세리 비자 디라자였다. 능숙한 경험으

로 그는 다른 전사들과 달리 서두르지 않고 추격조를 지휘하였
다.(『말레이 연대기』, 크루센스턴 판)

18 세리 비자 디라자는 파항의 내륙지역에 있는 원주민 집에 서 데와 수라 황제를 붙잡았다.

황제를 보호하고 있던 존장(尊長)에 대한 오랜 심문과 조
사를 통해 데와 수라의 도피행각에 종지부를 찍었다. 그와 같은
업적을 기리기 위해 세리 비자 디라자는 파항국(國) 왕의 지위에
버금가는 총독에 임명되었다.

해마다 그는 말라카를 방문하여 술탄에게 공물을 바쳤다. 그
는 나중에 라자 무하마드가 첫 술탄(inaugural sultan)이 되자 말라
카로 돌아왔다.(『말레이 연대기』, 크루센스턴 판)

19 시암은 말라카가 보호하고 있던 파항을 공격하였다.

이에 대한 보복으로 술탄 마흐무드는 총리에게 군사를 보
낼 것을 명령하였고, 이 출병에 상 세티아, 상 나야, 상 구나, 툰
비아지드 그리고 상 자야 피크라마가 참전하였다. 코자 하산 제
독도 파항으로 가는 군대를 뒤따라 합류하였다.

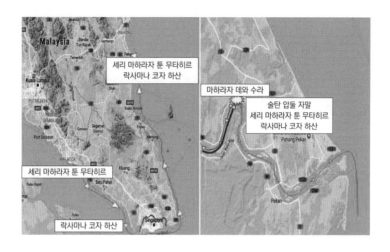

시암은 많은 수의 병력으로 공격하였다. 그러나 말라카 군대는
방어 성채를 건립하였고, 공격을 잘 차단하였다. 파항은 말라카
가 포르투갈인들에게 함락되기 전까지 더 이상 시암의 위협 없이
안전하게 지냈다.(『말레이 연대기』, 크루센스턴 판)

20 파타니(Pattani)의 왕 차우 세리 방사(Cau Seri Bangsa)는 말라카에 파타니를 보호해줄 것을 요청하였다.

술탄 마흐무드는 스스로 파타니의 술탄 아흐마드 샤로
즉위하였다.
이전에 그는 마흘리가이(Mahligai)시(市)의 술라이만 왕을 무
찌르고 해안선을 따라 파타니국을 건립하였다. 그는 오쿤 폴라

(Okun Pola)라는 이름의 귀족을 말라카로 보내어 보호를 요청하였다. 보호국이 된 다음 차우 세리 방사는 술탄 아흐마드 샤로 개명하였다. 그의 나라에서 그는 술탄 세리 아흐마드 샤로 알려져 있다.(『말레이 연대기』, 크루센스턴 판)

21 케다(Kedah)국은 술탄 마흐무드 샤에게 보호국이 되어주기를 요청하였다.

이 사건은 시푸테(Siputeh)에 근거지를 두고 있던 술탄 무하마드 지와 1세(Sultan Muhammad Jiwa I) 때 일어났다. 케다는 말라카의 패권을 인정하는 데 있어서 몇 년 앞서 파타니의 선례를 따랐을 뿐이다.

그러나 이것은 일반적인 성향은 아니었다. 그것은 말라카와 시암 사이의 긴장을 고조시켜 진정으로 시암을 괴롭히려는 의도였다.

말라카 이전에는 거의 모든 국가가 시암의 영향 아래 있었다. 권력의 이동이 정치권을 남쪽으로 향하게 했다. 그리고 말라카의 제국주의는 북쪽으로 확장되었으며 반도에서 시암의 영향력은 축소되었다.

말라카가 함락된 이후에도 케다의 술탄은 말라카가 충성심에 대한 선물로 준 의식 용품들을 여전히 간수하였다. 케다의 법은

말라카가 도입한 이슬람법과 해상법에 기초하여 시행되었다.(『말레이 연대기』, 크루센스턴 판)

22 포르투갈인들은 해안가에 있는 성채를 부수기 위해 일곱 척의 배로 하루 종일 말라카를 포격하였다.

다음 날 총 2,000명의 보병이 직접 공격을 감행하기 위해 상륙하였다.

툰 하산 테멘궁은 말라카인들을 이끌고 이 공격을 물리쳤다. 명사수의 배치와 지뢰의 매설은 주요 도시 방어와 함께 최초로 잘 작동하였고, 침입자들을 퇴각하게 만들었다. 그러나 또 다른 공격 작전이 지속되었고 수도는 항복하였다.(『말레이 연대기』, 크루센스턴 판)

23 그다음 공격에는 다양한 크기의 전함 60척이 동원되었다.

처음의 실패는 크기와 사양에 있어서 좀 더 큰 함대의 보복공격으로 이어졌다. 그들은 보병을 해안가에 상륙시키기 전에 또다시 도시에 포격을 시작하였다.

술탄 아흐마드 샤는 세리 우다니, 툰 알리 하티, 그리고 마흐둠

(Makhdum)의 앞에 서서 코끼리를 타고 군 통수권자로서 중요한 역할을 하였다. 술탄은 두 번째 포르투갈의 상륙도 저지하였다. 하인들, 코끼리 탄 사람, 명사수, 궁사 그리고 성채 대포들의 합동 공격으로 포르투갈인들을 뒤로 물러나게 만들었다.

처음 두 번의 파상공격에서 포르투갈 상륙 부대는 작은 배를 타고 온 소규모 부대였다. 그들은 말라카가 해안선을 방어하기 위해 범선들을 띄워 배열해 놓은 성채를 뚫고 지나가는 데 있어 말할 수 없는 곤란에 직면하였다.(『말레이 연대기』, 크루센스턴 판)

24 두 번째 공격에서 포르투갈인들은 3,000명의 말라카 병사들 앞에 있는 술탄 아흐마드 샤, 툰 알리, 그리고 세리 우다니를 직면하게 되었다.

총 17,000명의 병사들이 우페섬 도시의 주택과 각지에서 포화를 빗발처럼 퍼붓기 위해 포진해 있었다.

이 전쟁 교리는 포르투갈의 맹공을 견디기 위한 것이었으며, 적들이 봉쇄되었을 때 성공적이었음이 증명되었다. 포르투갈인들은 그들이 바람총, 화살, 총알에 위험하게 노출되어 있음을 알게 되었고, 우페의 주요 도로에 매설된 지뢰의 위험을 피하기 위해 살금살금 걸어야 했다.

17,000명의 병사들이 적절한 비밀 은신처에 숨어서 침투하는

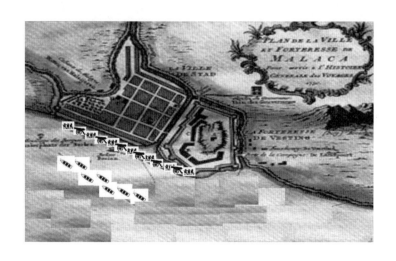

포르투갈인들을 매복 공격하였다. 그러나 그 전술은 오래 버티지 못했다. 포르투갈인들은 바람이 육지로 불 때 우페의 집들을 불태워서 필요한 진입로를 확보하였다. 이런 일이 벌어지자 말라카 방어자들은 후퇴할 수밖에 없었고, 단지 3,000명에 지나지 않는 술탄 아흐마드 샤의 병력으로는 도시의 방어를 도와줄 수 없었다.

　이를 본 포르투갈인들은 모든 화력을 말라카 다리를 파괴하는 데 집중하였다. 강력하게 밀어붙였기 때문에 이 다리에 있던 방어 성채가 무너졌고, 이를 책임지고 있던 투안 반단(Tuan Bandan)이 전사하였다.(『말레이 연대기』, 크루센스턴 판)

25 **패배한 술탄 아흐마드 샤는 벤타얀(Bentayan) 성채를 짓기 위해 무아르(Muar)에 재집결하였다.**

포르투갈인들은 나중에 이 성채를 공격해서 파괴하였고, 그가 새로 지은 성채가 있는 파항과 벤탄을 지나 무아르 상류까지 퇴각하게 만들었다.

패색이 짙어지자 술탄 마흐무드 샤는 함락된 도시를 떠나 그의 제국 내륙으로, 나중에는 보호국이 있는 곳으로 철수하였다. 그는 적당한 곳으로 판단되는 곳이면 어디서나 성채를 지어, 주기적으로 포르투갈의 방어를 시험하였다. 그러나 술탄은 다시는 수도를 찾지 못했는데, 왜냐하면 말라카의 무역활동이 쑥대밭이 되었고, 이슬람 상인들이 포르투갈인들의 침입에 대한 보이콧의 형태로 다른 이슬람 항구를 찾았기 때문이다.

술탄 마흐무드 샤는 마지막 숨을 거둘 때까지 수마트라 섬의 캄파르에서 왕으로 있었다.(『말레이 연대기』, 크루센스턴 판)

26 **루이 데 아라우조(Rui de Araujo)는 포르투갈의 승리에서 영감을 얻은 건축가였다.**

그는 말라카 다리를 공격하자고 제안한 부대원 중의 한 명이었다. 그의 목표는 말라카의 군 병력을 두 개로 나누어 어느 한쪽을 물리친다는 것이었다.

이전에 포르투갈인들은 보통 그들의 함선에서 장거리 대포로 먼저 포격을 가하였다. 이 포격은 도시를 맞추기는 하였지만 방어에는 별다른 영향을 주지 못했다. 이와 같이 지속된 피해는 신속히 복구되었는데, 말라카에는 항상 자원이 넘쳤기 때문이었다. 폭격 이후에 이루어진 공격도 병력의 숫자가 적어서 효과적이지 않았다. 루이 데 아라우조는 그들이 좁고 한정된 공간을 가진 배 안에 있었다고 분석하였다. 그래서 그는 말라카인들 사이의 통신을 끊는 분할 전략을 제안하였다.

이에 따라 어둠 속의 말라카 군대는 완전히 혼란에 빠졌고, 전쟁 지휘관들도 잘못된 결정을 내려서, 적들에게는 매우 유리한 상황이 전개되었다. 3,000명의 병사들이 우페섬에 있는 17,000명의 군대와 완전히 격리, 분열되었다. 어떤 의미에서 말라카는 체계적으로 패배하였다.(『알부케르크: 동양의 시저』)

27 두 개의 포르투갈 부대가 조건부 항복 지점까지 말라카를 공격하였다.

대(大)모스크와 말라카 다리를 공격한 첫 번째 부대는 돔 자오 데 리마, 가스파르 데 파이바, 페르나오 페레스 데 안드레아, 세바스티앙 데 미린다, 페르나오 고메스 데 레모스, 바스코 페르

난데스 쿠틴호, 제이미 텍세라, 그리고 피달고로 구성되었다.

우페의 두 번째 부대에는 아폰수 드 알부케르크* 그 자신과 두에르테 다 실바, 호르헤 누네스 데 레오, 시모 데 안드라데, 아이레스, 후앙 데 멜로, 시마오 마틴스, 시마오 알폰소, 그리고 누노 바즈 데 카스텔로 브랑코가 있었다. 그들은 다른 두 장소에 상륙해서 그들이 모이기로 한 다리로 가는 것이 목적이었다. 동시 공격으로 말라카인들을 분산시켜 놓았다. 알부케르크는 전쟁의 달인으로, 그의 경험을 활용하여 우페 주택에 숨어 있던 17,000명의 병사들을 쳐부수는 능력을 보여 주었다.

그전에 우페의 병사들은 적을 제압할 뿐만 아니라 침입자들에게 심각한 피해를 입혔다. 알부케르크는 바람이 그의 계획에 유리하게 불 때 공격하였고, 이때 우페에 불을 지르기 시작하였다.

---

* Affonso de Albuquerque(1453~1515): 포르투갈의 동양 식민지를 건설한 사람 —역주

바람은 순식간에 도시의 병사들을 소용돌이치는 화마에 갇히게 만들었다. 그리고 나서 이 부대는 다리의 방어를 맡았던 투안 반단(Tuan Bandan)을 죽인 포르투갈 본대를 지원하였다.(『알부케르크: 동양의 시저』)

28 수도는 요새(Fortaleza)로 개명되었고, 나중에는 에이 파모사(A Famosa, the Famous)로 바뀌었다.

포르투갈인들은 높이 3.6미터, 넓이 2.4미터 되는 돌로 된 벽을 쌓았다. 18~24미터의 높이로 된 8개의 탑은 이 벽으로 둘러싸였다. 밑바닥은 순찰과 전쟁 용도로, 병사와 말들을 수용하는 구조로 되어 있었다.

포르투갈인들은 정복한 수도를 보수하였으며, 방어 목적으로 더 많은 구조물을 지었다. 보강한 첫 번째 이유는 말라카인들이 다시 탈환하려고 실패를 거듭하면서도 공격을 시도해 왔기 때문이다.

이 수도는 일반적으로 다른 말레이 도시와 현저한 유사성을 띠고 있었다. 포르투갈의 점령은 말라카의 건축물에 유럽풍을 가미하였다. 또한 말라카는 군용 막사와 대포 탑을 둔 첫 번째 도시가 되었다. 이 탑들은 항상 말레이인들이 공격할 때 제일 중심이 되는 표적이었다. 모든 탑에는 방어시스템을 점검하기 위한 음식과 용수, 그리고 마구간이 있었다.

고도화된 방어시스템과 유럽 기술의 가미에도 불구하고, 그 도시는 마침내 툰 압둘 자밀(Tun Abdul Jamil) 제독이 조호르(Johor)에서 이끌고 온 군대에 의해 재탈환되었다.(『말레이 술탄국의 기술』)

29 말라카에는 두 개의 주요 정착촌이 있었다.

가장 큰 것은 말라카강 북쪽에 있는 무역상인들을 위한 정착촌으로 다른 어떤 정착촌보다 넓게 트인 지역에 위치하고 있었다. 이 강의 남쪽에는 술탄과 귀족들을 위한 거주 구역이 있었다.

이들 두 곳 이외에 말라카강 근교에 말레이인들과 자바인들을 위한 정착촌이 있었다. 15세기와 16세기 지도에 따르면 수도(首都)는 도시 주변을 감싸고 흐르는 강과 남쪽, 북쪽의 맹그로브

나무 습지로 인한 자연 방어시스템을 가지고 있었다. 16세기 말라카 지도를 분석해 보면, 이 자연의 방어시스템에 덧붙여 위협을 막아내기 위해 사람이 만든 성채가 있었음을 알 수 있다. 그러나 이것을 술탄국이 지었는지, 점령했던 포르투갈이나 네덜란드가 지었는지는 불분명하다.

그런데 구조물과 다른 기록물에 대한 정밀 조사 결과, 이 성채는 말라카가 생긴 이후부터 지어졌을 것으로 추측되었다. 성채는 세월이 흐르면서 수리되고 개선되었을 것이다.(『포르투갈에 의한 인도제국의 탐험과 정복의 역사』)

30 도시의 중심도로는 말라카 다리를 향하도록 건설되었다.

통신, 경제, 그리고 방어 면에서 매우 전략적인 이 다리는 도시의 뛰는 심장이었고, 행정과 상업지역을 분리하는 기점이었다. 다리는 배가 지나가도록 도개(道開) 구조로 되어 있었는데, 이는 원주민들이 만든 기발한 재주의 산물이었다.

그것 외에도 20명의 상인들이 이 특별한 다리 위에서 영업을 하였다. 이러한 중요성으로 인해 포르투갈인들이 이를 점령하고자 하였다. 알부케르크는 이 다리에 힘을 집중하기 위해 수도에 대한 공격을 영리하게 포기하였다. 포르투갈인들은 말라카인들의 재탈환을 막기 위해 다리 양쪽 끝의 방어를 강화하였다.

이 다리를 잃은 후에 술탄은 더 이상 그의 충성스러운 전사들에게 지시를 내릴 수 없었고, 도시는 종말을 고하였다. 다리를 점령한다는 것은 도시 전체를 통과하는 모든 간선도로를 점령하였다는 것을 의미하였다.(『포르투갈인들이 바다와 동양에서 이룩한 행동, 발견, 그리고 정복에 관하여』)

31　술탄은 3,000명의 중무장한 병사를 보유하고 있었다.

　　말라카를 방어하면서 술탄 마흐무드와 술탄 아흐마드는 다리와 대(大)모스크, 그리고 말라카 왕궁을 보호하기 위해 각각 1,500명으로 구성된 두 개의 여단을 배치하였다. 제1여단은 포르투갈인들을 도시의 도로에 있는 함정에 빠지도록 하는 도시 전투에 참여하였다. 그러나 적들은 집들에 불을 질러 그들을 몰아내었다. 제2여단은 술탄을 따라서 10명의 소총부대(Musketmen)가 딸린 대포로 무장한 성채를 만들었다. 이 부대는 포르투갈인들의 진입을 반복적으로 봉쇄하였다. 그들은 투안 반단(Tuan Bandan)이 다리에서 전사하자 왕궁과 대모스크를 확보하는 데 실패하였다.

　　결국에는 포르투갈인들이 왕궁에서 모든 말라카 병사들을 몰아내었다. 소총부대와 대포부대로부터 어떠한 저항도 없이 포르투갈인들은 우페에서 다리까지, 그리고 불타는 도시로 깊숙이 행진하였고, 말라카인들은 죽음의 올가미에서 벗어나기 위해 멀리 도망쳤다.(『포르투갈인들이 바다와 동양에서 이룩한 행동, 발견, 그리고 정복에 관하여』)

32　술탄은 해안가를 흙으로 만든 성채로 채웠다.

　　각 성채에는 포병들과 소총수들을 담당하는 장교가 한 명씩 있었다. 그들의 대포는 상대적으로 작았고, 따라서 사거리가 짧았다.

　그러나 그들은 접근하는 적선(敵船)들을 효율적으로 파괴하였다. 대포의 포탄은 포르투갈 선박의 한쪽 면에서 다른 측면으로 관통할 수 있었다. 이들 성채들은 포르투갈인들을 저지하는 측면에서 사실상 훌륭하게 기능하였다.

　또한 술탄과 그의 왕자는 코끼리 등에 탄 채 대포 부대를 지휘하였다. 공격할 때 그들은 등에 나무로 만든 구조물이 있는 20마리의 코끼리를 동원하였다. 무장한 자동차처럼 코끼리들은 해안가에서 적들을 습격하였다. 그러나 이 동물에게는 한 가지 약점이 있었다. 부상을 입으면 통제가 불가능해져 말라카인들을 위험에 빠트렸다는 것이다.

　포르투갈인들은 총과 화염으로 코끼리에게 부상을 입혀 말라카 측을 취약하게 만들었다.(『포르투갈인들이 바다와 동양에서 이룩한

33 말라카 수도에는 다양한 종류의 대포 8,000문이 있었다.

이들 대포들은 국내에서 제작한 것과 외국에서 가져온 것들로 구성되었다. 말라카를 정복한 이후 포르투갈인들은 캘리컷 (Calicut)*의 국왕이 선물로 준 육중한 대포들도 발견하였다. 말라카인들에게 대포는 그렇게 기이한 것이 아니었다.

무기 개발은 인류문명에 매우 중요하였다. 말라카도 이와 다르지 않았다. 이 대포들은 말레이의 대장장이들이 자국을 방문한 외국인의 기술을 연마하여 만든 걸작품이었다. 이동식 대포가 필요하였는데, 이는 말라카인들이 바다에서 그리고 성채에서 싸웠기 때문이다. 그러나 술탄들은 육중한 대포도 필요하였는데, 이를 이용해서 장거리에서 적의 대열을 분산시킬 수 있었기 때문이었다. 그래서 술탄들은 말라카를 위해 그런 대포를 구입하는 데 찬성하였다.

그러나 이러한 요구가 늦게 대두되었기 때문에, 말라카는 포르투갈의 공격을 버텨내기에는 장비가 덜 갖춰진 상태였다. 그래서 그들은 침입하는 함대들을 파괴할 수 없었고, 적들은 도시가 함

---

* 인도 서남부, 케랄라주 서부의 항구 도시. 지금의 공식 명칭은 코지코드 (Kozhikode) —역주

락될 때까지 반복해서 방어선을 공략할 수 있었다.(『포르투갈인들이 바다와 동양에서 이룩한 행동, 발견, 그리고 정복에 관하여』)

34 말라카에는 술탄을 위해 무기를 만드는 재료를 보관하는 창고가 있었다.

이들 무기고에는 탄약, 무기, 구리, 화약, 철, 납, 강철, 유황, 주석, 광석, 또한 풍부한 수량의 선박용 담요 등이 보관되어 있었다.

말라카 건축물에는 내화창고가 있었고, 안정적인 온도를 유지하였다. 창고는 무역상품을 보관하는 용도뿐만 아니라 정부의 다른 수요에 대응하기 위해 지어졌다. 술탄들은 이곳에 무기생산에 필요한 원료 물자와 도시 수리를 위해 필요한 물품을 보관하였다.

이 창고들은 포르투갈과의 전쟁이 오래 지속될 경우, 술탄이 군대를 위해 새로운 무기를 만드는 데 탁월하다는 것을 증명하였다. 이 원료들은 말라카 무역의 상품 목록에서 제외되어 있었다.

그것들은 술탄국을 위해서 내부적으로도 중요한 목적을 가지고 있었다. 말라카는 이들 원료를 제국의 백성들과 보호국들, 특히 현대의 켈랑(Kelang)과 셀랑고르(Selangor)에서 획득하였다.(『영광스러운 기억의 가장 행복한 왕 돔 마누엘의 연대기』)

35 말라카의 대포는 성능이 좋았다.

무기들은 주석으로 만든 발사대가 있어서 적들의 배에 최대로 관통하였다. 그와 같은 발전은 제국 병사들의 전투경험을 통해서만 획득이 가능한 것이었다. 이 대포들은 포르투갈 측에 심각한 살상자를 내는 데 있어 의심할 여지가 없는 능력을 가지고 있었다.

술탄국은 주변 국가들을 점령하기 위한 가장 막강한 무력을 보유하고 있었다. 제국의 군대는 어떤 다른 전략보다 무기 개발에 집중적으로 의존하였다. 승산이 낮음에도 불구하고 말라카가 적들을 물리친 사례가 여럿 있었다.

이 대포들은 세 치수의 크기였고, 각각 쉽게 이동이 가능하였다. 말라카는 또한 구리로 만든 독일소총에 필적할 만한 소총을 만들었다.

말라카 시대에 만든 소총 모델은 다음 세기의 말레이 정부에서 생산하는 모델로 통합되었다. 19세기의 파항 내전에서 전투 병사들은 말라카에서 사용한 것과 똑같은 모델의 대포를 사용하였다.(『포르투갈인들이 바다와 동양에서 이룩한 행동, 발견, 그리고 정복에 관하여』)

36 술탄은 궁궐에 쇠와 청동으로 만든 대포 72문을 가지고 있었다.

이 대포들은 돌 발사체에 거치되었고, 검은 주석으로 코팅되어 있었다. 술탄 마흐무드가 도망갔을 때 이 재고품들은 방치되어 포르투갈인에게 약탈당하였다. 이들은 나중에 말라카 다리에 있는 방어 성채에 배치되었다.

포르투갈 측 기록을 보면 말라카 궁은 행정, 거주, 그리고 방어의 중심지였다. 당시 궁궐과 경내는 포르투갈 공격 시기에 방어벽으로 구성되었을 가능성이 있다. 귀족들 또한 각자의 집에 대포와 소총을 비치하고 있었다.

이 무기들은 일부 왕실의 물건이나 권력의 상징으로 사용되었다. 그들은 또한 기도시간이나 라마단의 황혼시간을 알렸고, 특

정한 무기를 사회의 특정한 알림 용도로 사용하였다.

그와 같은 관습은 오늘날에도 여전히 적용되고 있는데, 예를 들면 네게리 셈빌란, 파항, 그리고 트렝가누와 같은 유적지에는 집에 대포가 비치되어 있다. 대부분 17세기와 19세기 사이에 생산된 것이다.(『포르투갈에 의한 인도제국의 탐험과 정복의 역사』)

37   말라카의 대포 생산은 구운 도자기 틀을 사용하였다.

이 거푸집은 특정한 크기를 가지고 있었다. 파항은 술탄 시기에 이들 대포 생산의 중심지였다.

생산 방법은 일반적으로 명확하지는 않다. 크리스 단검(keris)과 달리, 대포는 거의 개인 용도로 생산되지는 않았고, 따라서 소규모로 생산되었다. 귀족들은 대부분 그것들을 의식의 도구로 사용하거나 전쟁의 무기로 소유하였다.

그러나 파항에 대한 영국의 발굴 결과에 따르면 말레이인들은 대포를 주형(鑄型) 기법을 사용해서 생산하였다. 이 방법은 외국의 기술을 도입한 것으로 판단되고 있으며, 공공복지를 수호하기 위해 통합되었다. 귀족들과 함께 술탄은 한 번도 그와 같은 생산방법을 성가셔 하지 않았는데, 왜냐하면 주석 및 철과 같은 원료가 풍부하였기 때문이었다. 그럼에도 불구하고, 19세기 말과 20세기의 영국 총독부는 말레이의 그와 같은 대포 제조법과 기술을 종식시켰다.

　영국 점령군들은 대포 사용 금지에 대한 직접적인 책임이 있었다. 말레이의 전통적인 제조방식은 사회에서 제거되었다. 오늘날까지 유일하게 보존되고 있는 것은 크리스 단검 생산 기술뿐이다.(윌리엄 린네한William Linehan의『파항의 역사』)

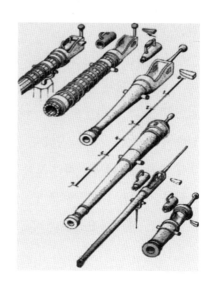

38　제국의 병사들은 바다에서 대포로 열심히 싸웠다.

　　이들 병사들은 모든 함선에 승선하여 대포를 발사하였다. 당시의 해군은 오늘날의 해군처럼 명확하게 구분되어 있지 않았다. 예를 들어 말라카는 평민과 선원을 징집하여 해군 부대를 만들었다. 이 병사들 대부분은 바람총, 활과 화살, 화승총, 크리스 단검, 중형 대포, 창, 그리고 칼을 든 숙련된 사람들 가운데 징집되었다. 병사를 실은 배는 모두 적에게 신속히 다가가서 그들의 침입에 심각한 손상을 주었다. 그들의 목표는 돛대, 노, 배의 키

같은 것들이었다.

적의 행동을 무력화시킨 다음 제국 군대는 적군의 배를 운항하는 사람들을 향해 최대한 활, 바람총, 대포, 그리고 소총을 발사하였다. 그 후, 병사들은 모든 선원을 포획하기 위해 목표 선박에 탑승하는 것으로 마무리하였다.

그 당시 해전에서는 적의 포화를 막기 위해 동물 가죽을 사용하였다. 이러한 접근은 해군 병사들을 위험하게 할 수 있는 주석으로 만든 적의 탄환을 효과적으로 막아냈다.(『포르투갈에 의한 인도제국의 탐험과 정복의 역사』)

39 말라카인들은 포르투갈인들이 성공적으로 상륙한 이후에는 시가전을 벌였다.

그들은 적에게 총을 쏘기 위해 도시의 테라스에 진지를 구축하였다. 이러한 작전은 포르투갈인들을 상륙지점으로 몰아내고, 결국 그들의 배로 돌아가게 만들었다.

말라카는, 공격자들이 모든 집을 수색해 나갈 수밖에 없는 환경에서 그들 스스로 매복에 노출되는 전략을 채택한 가장 빠른 국가 중의 하나일 것이다. 시가전은 포르투갈과 같은 재래식 군대에 심각한 손상을 주는 데 실용적이었다.

그러나 우폐에 숨어 있던 말라카인들은 포르투갈인들이 도시

를 불태우기 시작하자 물러설 수밖에 없었다. 총 17,000명의 병사들이 목숨을 건지기 위해 강을 건너야 했다. 또한 그들은 말라카 다리가 적에게 넘어간 이후 여전히 지휘를 하고 있던 지휘관들과도 연락이 끊어졌다.

도심 전투에서 말라카가 패배한 것은 술탄이 수도로부터 후퇴하는 것을 막았다. 만일 이 집들이 불타지 않았다면, 우페에 있는 말라카인들이 행군해 와서 다리 양쪽 측면에서 포르투갈인들을 포위할 수 있었을 것이다.(『포르투갈에 의한 인도제국의 탐험과 정복의 역사』)

40 말라카는 체계적이고 독창적인 시스템을 가지고 있었다.

모든 성채에는 2문의 대포와 10명의 소총수가 있었다. 그들은 포르투갈인들이 다른 성채에 오르기 전에 첫 번째 공격을 성공적으로 치러냈다.

술탄 시대의 말라카 군대에 대한 절차상의 위계질서를 분명하고도 자세히 기술한 현지 기록은 없다. 어쩌면 현지 정보의 부족을 초래한 그와 같은 패배에 대해 장황하게 기록할 큰 필요성이 없었을 것이다.(『포르투갈인들이 바다와 동양에서 이룩한 행동, 발견, 그리고 정복에 관하여』)

반면 포르투갈인들은 말라카의 방어 기법을 완벽하게 기록하였는데, 적을 이겨낼 수 있다는 희망으로 가능한 한 약점에 대하여 세심한 감시를 놓치지 않은 결과였다.

일반적으로 말라카인들은 10명의 소총수와 2개의 중형 대포를 수용할 수 있는, 진흙과 나무로 만든 임시 보루(堡壘)를 지었다. 사격을 할 때 그들 중 세 명은 성채가 침범당하지 않도록 감시하였다. 이 보루들은 서로 가깝게 지어 다른 상대방을 엄호할 수 있었다. 말레이 내에서 이와 같은 전쟁 방법은 19세기경 조호르, 파항, 그리고 셀랑고르 전쟁 때까지 사용되었다.(『포르투갈에 의한 인도제국의 탐험과 정복의 역사』)

41 말라카는 명사수 소대 제도를 도입하였다.

그들은 성공적으로 포르투갈의 파상적인 공격을, 심지어 대낮에도 알려지지 않은 위치에서 막아냈으며, 이로 인해 적들은 짧은 순간이나마 퇴각해야 했다.

제국은 단거리 및 장거리 전투 무기를 가지고 있었다. 초기에 제국 군대는 장거리 전투에도 활, 바람총, 그리고 창을 사용하였다. 그러나 우세한 발전은 그들에게 새로운 다양성을 제공하였다. 이 장총들은 길쭉한 총열을 가지고 있었으며, 아주 먼 거리도 정확하게 관통할 수 있었다. 그와 같은 무기는 말라카인들만 가지고 있었던 것은 아니고, 시암을 포함한 다른 아시아 국가들도 가지고 있었다.

그와 같은 장점은 단거리에서는 매우 심각한 문제점을 드러내었다. 그러나 제국의 명사수들은 이에 구애받지 않고 정확히 명중시켰고, 포르투갈인들은 그들의 위치를 알 수 없었다.(『포르투갈에 의한 인도제국의 탐험과 정복의 역사』)

42 술탄 마흐무드는 도시의 간선도로에 지뢰를 매설하였다.

유황으로 만든 이 지뢰는 날카로운 파편이 폭발하여 침입하는 적들에게 손상을 끼치는 것을 목적으로 하였다. 탁월한 지뢰매설 기술로 유명한 귀족은 카디 무나와르(Kadi Munawar)였다. 술탄 마흐무드와 술탄 아흐마드는 도로의 교차로와 도로가 끝나는 지점에 매설되어 있는 곳으로 적을 유인하였다. 적들은 폭발의 도화선이 어디 있는지 알지 못하였다.

포르투갈인들도 말라카의 지뢰에 대해 기록하였다. 또한 피해를 입은 지뢰 사상자에 대해서도 확인하였다. 모든 지뢰는 줄과 뇌관으로 연결된 퓨즈를 가지고 있었다. 그래서 말라카 병사들은 적들을 이 지뢰밭으로 유인하였다.

그러나 그 전략은 결국에는 한가운데에서 모든 지뢰밭의 위치를 알려준 반역자들 때문에 별로 소용이 없었고, 이로 인해 본의 아니게 포르투갈인들의 목숨을 보전하게 해 주었다. 중요한 정보가 적에게 노출되어 적들은 위험을 면할 수 있었고, 우페가 완전 소실되면서 지뢰밭도 모두 파괴되었다.(『포르투갈인들이 바다와 동양에서 이룩한 행동, 발견, 그리고 정복에 관하여』)

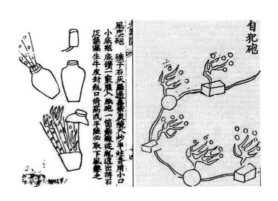

43 포르투갈이 공격하였을 때 중국 무역상인들은 말라카를 방어하지 않았다.

중국인들은 수도의 주요 무역상 가운데 하나였다. 그들은 서방과 동남아의 물건을 말라카에서 수집하여 중국으로 운반하였다. 중국과 말라카는 정화(鄭和) 제독이 국빈 방문을 한 이래로 항상 좋은 관계를 유지하였다. 그러나 무역상인들은 도시에 살고 있지 않았다.

그래서 위험을 감지하자마자, 중국 무역상들은 포르투갈인들에게 만약 그들이 도시를 점령하면 귀중품을 가지고 다시 돌아오겠다는 약속으로 그들을 안심시키면서, 무사히 빠져나갈 수 있게 해달라고 요청하였다.

그리고 그들은 약속한 그대로를 정확히 이행하였다. 말라카가 함락된 이후 이들 무역상들은 되돌아왔고, 포르투갈 식민지 행정부에서 방해받지 않고 계속해서 영업을 하였다. 똑같은 일이 네덜란드와 영국이 말라카를 점령했을 때도 일어났는데, 중국인들은 말라카인들에게 부과된 경제적 차별에도 불구하고 사회적 이점을 계속해서 향유하였다.

그러나 그들은 현지 여성과 결혼해서 일반적으로 바바(Baba) 논야(Nyonya)로 알려진 페라나칸(Peranakan) 문화*를 형성하였다.

---

* 중국과 말레이의 혼합 문화 및 인종을 말한다. 말레이 반도로 이주해 온 중국인 남성과 말레이인 여성 사이에 태어난 이들을 페라나칸이라고 하며, 남성은 바

이 하위문화는 말레이족에 융합되어, 오늘날까지 같은 맛과 취향을 공유하고 있다.(『말레이 술탄국의 기술』)

44 말라카는 포르투갈인들의 공격 당시 2만 명의 무장한 병사들을 두고 있었다.

어쩌면 무한정일 수도 있는 탄약과 무기 재고(在庫) 이외에도, 그들은 8,000문의 대포와 20마리의 전투 코끼리를 보유하고 있었다. 도시의 해안선에는 방어진지가 있었고, 각각 2문의 대포와 열 명의 병사가 배치되어 있었다. 이들 방어진지 앞에는 참호와 구덩이, 매설된 지뢰, 그리고 마른 나뭇잎으로 싼 화약이 있었다. 제국 군대에는 징집된 현지인과 용병들이 있었고, 그들의 복무와 참전에 대해서는 금전이 지급되었다. 그들 대부분은 말라카 강어귀에서 자랐거나 인근 국가에서 온 사람들이었다. 말라카 강변에 있는 몇몇 정착촌은 심지어 수백 개의 군사 장비를 공급할 수 있었다.

섬과 강어귀에 살고 있는 선원들도 병사가 되어 말라카를 방어할 준비가 되어 있었다. 그들은 말라카 현지인들에 비해 사냥과 어업을 통해 생계를 유지하는 원시적인 삶을 영위하였다. 그래서 상업과 농업에는 적게 참여하였다. 그러나 그들은 술탄 국

바, 여성은 논야라고 부른다. ─역주

가를 위해서 불타는 충성심으로 해역을 정복했다.

그들은 포르투갈인들에 대항해서 오로지 바람총과 창으로만 싸웠다. 그럼에도 그들은 술탄국의 눈과 귀가 되어 움직였다. 그들은 말라카 정부가 미리 준비할 수 있도록 중요한 정보를 전달했다.(『인도의 전설』)

45 말라카의 묵직한 대포는 해안선에서 멀리 떨어져 정박해 있는 포르투갈 배들을 포격할 수 없었다.

이 문제를 극복하기 위해 말라카는 적들에게 불을 붙이는 화선(火船)을 보내었다.

포르투갈인들은 매우 놀라서 큰 손실에도 불구하고 무슨 수를 써서라도 다리를 공격하려고 서둘렀다.

말라카 측의 주요 약점은 장거리 대포가 부족하였다는 것이다. 포르투갈인들은 이 약점을 미리 알았고, 포의 사격거리 밖에 머물면서 말라카의 공급을 차단하였다.

이와 같은 약점이 매우 치명적임을 간파한 말라카인들은 작은 배들에 폭약물질을 가득 실어 도시를 포위하고 있는 포르투갈 배 쪽으로 보내었다. 이 방법은 적중하여 적들의 배에 손해를 입혔다. 화선은 전략적으로 달이 뜨지 않을 때 보냈는데, 배들이 다리를 건넌 후 불이 붙도록 하였다. 불타는 배들의 갑작스러운 출

현은 포르투갈인들을 놀라게 하였고, 이에 대한 경계태세를 유지
하느라 그들을 기진맥진하게 만들었다. 이러한 전략은 말라카의
과거 전투경험에서 깊은 영향을 받은 것이었다.(『포르투갈인들이
바다와 동양에서 이룩한 행동, 발견, 그리고 정복에 관하여』)

46 말라카는 해전에서 포르투갈인들을 이길 가능성이 있었다.

제국의 범선은 적의 배보다 8배가 더 컸다. 함대로서의 이
와 같은 자산은 포르투갈인들이 도시를 향해 홍수처럼 밀려든
어떤 힘이라도 무찌르거나, 적어도 기세를 꺾을 기회가 있음을
의미하였다.

포르투갈인들은 그들의 배가 단 한 척의 말라카 범선이라도
포위망을 쉽게 뚫고 침투해 들어오지 않도록 버티게 하였다. 비
록 포위되고 손상을 입었지만 그 범선들은 여전히 포르투갈 배
의 선체에 강하게 부딪쳤다.

16세기 대부분의 기록들은 말라카의 해군에 강력한 리더십이
없었다고 묘사하고 있다. 이 한 가지 약점으로 인해 말라카는 자
신의 항구에서 그들의 강력한 자산을 사용하지 못하였다. 일부
기록은 두 명의 해군 제독이 술탄 때문에 불명예스럽게 물러났을
개연성을 보여 주었다. 그래서 항 투아 제독이 수립한 공포 요소
는 포르투갈인들이 공격하였을 때 더 이상 존재하지 않았다.

이들 16세기 기록물에 따르면 방어는 주로 툰 하산 테멘궁의 지휘 아래 육지에서 이루어졌고, 그 결과 술탄들은 장군으로 활동하였다.(『인도의 전설』)

47 말라카는 수도를 방어하기 위해 강력한 부유식 장벽을 건설하였다.

그들은 쾌속선, 범선, 그리고 소형 배들을 바다에서 강까지 일렬로 정렬하였다. 이와 같은 배열은 포르투갈에 대항하여 마치 성채가 바다 위에 지어진 것처럼 항구를 빽빽하게 만들었다.

이 배들은 포르투갈 함대가 직접적인 공격을 가하는 것을 완벽하게 봉쇄하였다. 포르투갈은 좁은 틈새로 작은 배를 보내어 공격을 시도해 보았지만 소용이 없었다. 포르투갈 측의 소규모 상륙 시도에 사용된 이들 작은 배들은 말라카 성채에서 해안가를 가로질러 날아오는 포격에 손쉬운 표적이 되었다.

말라카인과 자바인은 항구에서 도망가려는 20명의 중국인들을 붙잡았다. 도시 방어에 대한 어떠한 정보도 새어 나가지 않도록, 그리고 적에게 어떠한 도움을 주는 것도 방지하기 위하여 중국인의 출항은 금지되었다. 그와 같은 예방조치는 합리적이었는데, 왜냐하면 어떤 중국 무역상인이 침입자를 대량으로 밀반입하기 위해 배를 빌려준 후 부유식 성채가 무너졌기 때문이다. 그래서 적의 상륙은 감지되지 못하였고, 나중에 서쪽 우페지역에 대한 기습 공격이 이루어졌으며, 연이어 곧 다른 지역에 대한 공격으로 이어졌다.(『동쪽으로 가라』)

48 항 나딤 제독이 지휘하는 말라카 해군은 약 13패덤 (fathom)* 길이의 배를 가지고 있었다.

두 문의 대포와 열 개의 석유등(燈)이 뱃머리와 양쪽 측면에 각각 배치되었다. 반면에 세리 비자 디라자가 11패덤의 범선을 호위선으로 지휘하였을 때에는 두 문의 대포와 여덟 개의 석유등이 배치되었다.

제국의 해군은 일반적으로 각 해군 원정의 자산으로 수백 대의 전투선과 함께 귀족의 배를 징발하였다. 이 배들은 총과 중형 대포로 무장한 활 쏘는 병사들을 실었다.

배에 승선한 병사는 보호국과 식민지에서 징집한 사람들이었다. 이들 보호국과 식민지는 병사를 양적으로 다르게 공급하였는데, 이것은 왜 말라카가 거대한 해군력을 보유하지 않았는지를 설명해 준다.

공격 시에 해안 기지로부터의 병력강화에 시간이 너무 오래 걸

---

* 패덤은 말레이어로 '데파(depa)'라고 불린다. 1패덤은 6피트에 해당한다. 따라서 13패덤이라는 것은 78피트 또는 23.77미터라는 의미이다.

렸을 가능성이 매우 높다. 서쪽의 계절풍도 항해를 방해하였는데, 공급선들에게 바다의 폭풍우가 매우 거세게 불었기 때문이다.(『말레이 술탄국의 기술』)

49 오토만이 지원한 아체(Acheh)인들이 1537년에 말라카를 약탈하였다.

3,000명의 아체인들이 에이 파모사(A Famosa)에 침입해 들어왔다. 그러나 승리는 잠시뿐이었고, 다음 날 포르투갈인들이 그 도시를 다시 장악하였다. 아체 병사들은 케다(Kedah)로 퇴각하기 전에 두 척의 배를 불태웠다.

말라카의 함락 이후 아체와 조호르가 우세한 말레이 세력으로 등장하였다. 아체의 술탄국은 무역 측면에서 포르투갈인들에게 강력한 경쟁을 촉발시켰다.

아체는 1629년에 다시 236척의 배에 20,000명의 병력을 싣고 다시 그들을 공격하였다. 그러나 그 포위 작전은 실패하였는데, 귀족들인 셰이크 샴수딘 알-수마트라니(Sheikh Syamsudin al-Sumatrani)와 팡리마 피디(Panglima Pidi)가 전사하였고, 말라카의 부킷 치나(Bukit Cina)에 묻혔다.

아체의 공격이 지하드, 즉 성전(聖戰)의 목적이었다는 것은 주목할 만하다. 그러나 그들은 조호르, 파항, 그리고 페락과 같은 다른 이슬람 국가들도 공격하였다. 심지어 수마트라의 권력도 그 분노를 피할 방도가 없었다. 비록 말레이 국가가 말라카를 해방한다는 그들의 명분이 이 공격으로 퇴색되기는 하였지만, 그들이 내세운 기치는 그러한 행동을 정당화하였다.

도시에 대한 몇 차례의 공격 후에 아체의 힘은 쇠퇴하였다. 아체는 여왕통치의 시기를 거치면서 공격적인 태도를 버렸다. 그 정치조직체는 더 이상 주변국가들을 정복하려고 시도하지 않았고, 나중에 네덜란드가 도착하기 전까지 내부 분쟁에 뛰어들었다.(『말레이 술탄국의 기술』)

50 투안 반단(Tuan Bandan)은 말라카 다리를 지키던 책임자였다.

그는 대포와 무장한 병사들이 있는 이 나무 성채를 굳건히 지켰다. 전투가 길어지면서 다리는 포르투갈 측에 넘어갔고, 도시 전체도 함락되었다.

다리를 탈취하자 포르투갈인들은 즉시 말라카의 재탈환을 막기 위해 임시 성채를 지었다. 호르헤 누네스 데 레오(Jorge Nunes de Leao)와 누노 바즈 데 카스텔로 브랑코(Nuno Vaz de Castelo Branco)는 그와 같은 프로젝트를 담당하였다. 이 다리에 대한 어떠한 말라카의 진입도 50문의 대포에 맞닥뜨려야 했다.

이 다리는 알부케르크가 전장(戰場)의 전체 모습을 조망할 수
있는 자리였다. 병사들에 대한 그의 명령은 모두 모여서 어떠한
대가를 치르더라도 이 다리를 사수하라는 것이었다. 재보수하는
동안에 다리는 새롭고 튼튼한 성채의 가리개로 종려나무를 덮었
다.(『알부케르크: 동양의 시저』)

51 파항은 시암의 영향력이 가장 높았을 때 말라카에 의해 점 령당했다.

데와 수라 황제는 술탄 만수르의 재임 기간에 파항을 통
치하였다. 리고르(Ligor)국 왕의 친척으로서 이러한 정치적 돌파
구는 시암이 말라카를 침략할 필요성이 있을 때 매우 큰 장점이
었다. 파항은 침략하기에 완벽한 육지와 강 양쪽의 루트를 가지
고 있었다. 이와 같은 장점은 제국의 위계질서에 더 많은 압력을
가하고 있던 말라카에게는 잠 못 이루는 밤을 가져다주었다.
시암은 과거에 말라카를 공격하기 전에 무아르강으로 들어와
파항을 경유하였다. 파항은 시암이 말라카를 향해 북쪽으로 올라
가기 위해 조호르 남쪽 근처의 동쪽 바다를 이용하였을 때, 또다
시 다른 공격을 위한 징검다리 역할을 하였다. 말라카로서는 이
국가는 매우 전략적인 곳이었고, 시암이 말라카에 대해 움켜잡고
있는 발톱을 잘라내기 위해서는 꼭 점령해야 하는 곳이었다.

말라카 해군이 파항을 공격하기 위해 쿠안탄(Kuantan)강으로 들어와 데와 수라 황제를 쉽게 무너뜨렸다. 황제는 리고르국에 자신의 보호를 요청하기 위해 파항의 상류로 후퇴하였으나 곧 추격조에 의해 체포되었다.

파항의 패배로 인해 말라카는 안전하게 되었다. 동시에 시암은 말레이 반도에 대한 영향력에 도전을 받게 되었다.(『역사적 관점에서 바라본 항 투아』)

52 푸테리 구눙 레당(Puteri Gunung Ledang)은 포르투갈의 말라카 식민지화를 인정하였다.

항 투아 영웅담에 따르면, 푸테리 구눙 레당는 포르투갈의 공격 전에 말라카 내에 있는 어떤 나라를 통치하던 여왕이었다.

그녀는 포르투갈이 나무를 심기 위해 소가죽 크기의 땅 조각을 달라는 요청에 동의하였는데, 포르투갈인들은 그녀보다 한 수 앞서서 소가죽을 가공해서 긴 동아줄로 바꾸어 버렸다. 밧줄은 약속된 포르투갈 땅 조각보다 훨씬 큰 면적을 차지하도록 했다. 말라카의 귀족들과 공주는 포르투갈인들이 땅을 차지하려고 사기를 쳤다고 느꼈다.

이 속임수는 말라카와 포르투갈인들 사이에 불화를 초래하였고, 결국에는 전쟁으로 발전하였다. 많은 이야기가 공주와 술탄국에 잘못이 있는 것으로 되어 있다. 그녀는 술탄의 딸이었던 것으로 전해진다. 어떤 이야기에는 그녀가 포르투갈의 점령 이전에 말라카 제국을 통치하던 여왕이었다고도 기술되어 있다.

그러나 가장 인기 있는 버전은 로맨스 이야기다. 그녀는 레당 산(山)에 살고 있는 공주였다. 그녀의 아름다움으로 인해, 술탄 마흐무드는 청혼이 명백하게 거절될 줄을 알면서도 그녀의 소원은 모두 들어주려고 노력하였다. 그녀는 오늘날까지 말레이 사람들에게 인기가 있다.(『항 투아 영웅 전설』)

53 포르투갈인들은 서기 1511년 이전에 말라카를 공격하였다.

그들의 군사력은 500명의 병사와 50문의 대포를 실은 네 척의 배로 구성되었다. 이 공격은 항 투아 제독이 말라카의 국방을 책임지고 있었기 때문에 실패하였다.

항 투아는 총을 쏘아 가베나도르(Gabenador) 선장을 죽였고, 대포 폭발을 일으켜 그를 바닷속으로 빠지게 했다.(『알부케르크: 동양의 시저』)

54 말라카는 1511년 8월 24일 정오에 함락되었다.

적은 성으로 들어와서 보이는 말레이인들을 모두 살육하였다. 강한 충동으로 그들은 왕궁을 평지로 만들어 버렸으며, 이슬람사원을 불태워 버렸고, 묘지에서 모든 묘지석을 뽑아 버렸다. 도시의 이름은 **에이 파모사**로 바뀌었고, 그 폐허의 잔해는 재건에 사용되었다.(『알부케르크: 동양의 시저』)

55 툰 하산 테멘궁은 현명한 전쟁전략가였다.

그는 포르투갈의 첫 번째 공격을 격파하였다. 곤살로 페레이라(Gonsalo Pereira)는 10패덤 길이의 갤리선과 13패덤 길이의 푸스타스(fustas)선 등 총 7척의 배를 지휘하였다. 말라카를 포격한 이후 2,000명의 포르투갈인들과 수천 명의 인도 용병들이 공격을 위해 상륙하였다.

툰 하산 테멘궁은 이 공격을 분쇄하였고, 적 부대 사이에 예방적 지연을 야기시켰다. 그러나 툰 하산은 툰 무타히르의 가족들이 처형될 때 죽임을 당하였다. 그의 죽음은 적들에게는 희소식이었는데, 그가 말라카 행정을 이끄는 동안에는 포르투갈의 힘에 대항하는 강력한 억제력을 발휘하였기 때문이다.(『말레이 연대기』. 크루센스턴 판)

56   항 투아는 싱가포르 해협에서 시암의 함대를 공격하였다.

시암의 세력은 술탄 마흐무드 샤에게는 여전히 잠재적인 위협으로 비춰졌다. 심지어 그가 장악하고 있는 파항에서조차 시암은 결코 말라카를 점령하겠다는 꿈을 버리지 않았다. 그래서 싱가포르 해협 근처에 기습공격을 위한 함대가 모였다.

그러나 항 투아 휘하에 있는 충실한 선원들은 이와 같은 활동을 정탐하였고, 술탄 마흐무드 샤에게 보고하였다. 항 투아 제독은 보고된 장소에 군대를 파병하여 매복시켰고, 준비되지 않은 선단에 기습공격을 감행하였다. 풀라우 피상(Pulau Pisang)의 조호르 해역에서 벌어진 연이은 전투는 시암의 패배로 절정에 달하였다.(『말라카 제독 항 투아 이야기』, 특별판)

57   두융 말라카(Duyung Malacca)에 사는 사람들은 포르투갈에 대항하여 싸웠다.

적이 공격하는 동안에 툰 테폭 총리는 다툭 마하 왕사 툰 마맛, 툰 란캉, 그리고 툰 마이 울랏 불루와 같은 제국의 사령관들에게 저항할 것을 명령하였다. 그들은 열흘간 말라카 해안의 대부분 지역에서 싸웠다.

그들을 지원하기 위해 테폭 총리는 두융 말라카에 용감한 병사들을 보냈다. 두융에서 지원병이 도착하자 포르투갈인들은 우왕좌왕하였다. 그들은 해변을 확보하고 있었음에도 불구하고 물류지원을 위해 배로 돌아갈 수 없었다.

배신하는 중국인이 없었더라면, 포르투갈인들은 지원병을 보내지도 못했을 것이다. 중국 무역선들은 포르투갈인들을 판타이 힐리르(Pantai Hilir)와 우종 파시르(Ujong Pasir)에 몰래 실어다 날랐다. 포르투갈 군대는 말라카 병사들을 혼란스럽게 만들기 위해 인도 상인처럼 변장하였다. 사실 대부분의 포르투갈 용병은 남인도 출신이었다. 그래서 그들이 새벽에 도착한 것은 매우 놀라운 일이었다.

또한 말라카의 방어는 다툭 샤반다르, 라자 멘델리아르, 그리고 다툭 니카 찬 예우 캄(Datuk Nika Chan Yeow Kam) 등이 변절한 후에 무너졌다. 오늘날 남인도에 살고 있는 포르투갈인 후손은 툰쿠 압둘 라흐만의 통치시기에 유라시아인(Serani)으로 인식되었다.(『말라카 제독 항 투아 이야기』, 특별판)

58 말라카의 포로들은 부킷 템푸룽에서 산 채로 불태워졌다.

포르투갈인들이 전쟁에서 승리한 이후 도시 전체에 말레이인들에 대한 색출이 이루어졌다. 현지 여성들은 강제로 개종되었고, 임신을 당했다. 왕궁의 여인들은 포르투갈 왕에게 보내어졌다. 말레이인들은 풀라우 자와로 보내졌고, 거기서 집단으로 화형에 처해졌다.(『말라카 제독 항 투아 이야기』, 특별판)

59   포르투갈인들은 마닐라에서 온 40척의 배로 공격하였다.

총리는 선원들로부터 이 배에 500명의 병사와 50문의 대포가 실려 있다는 소식을 들었다. 이를 확인하기 위해 말라카는 마하라자 세티아와 마하라자 데와를 멘담 베라히(Mendam Berahi)호에 태워 보냈다. 그들은 오늘날 인도네시아 바탐(Batam) 근처인 불랑(Bulang)에서 포르투갈인들을 맞닥뜨렸다. 소규모 전투가 벌어졌고, 정찰선은 다시 말라카로 돌아왔다.

그러고 나서 항 투아는 마하라자 세티아, 마하라자 데와와 함께 전투를 준비하였다. 그는 매복하였다가 기습공격을 하였고, 적들의 배에 올라타서 하나씩 무찔렀다. 나머지 두 사람도 똑같이 하였다.

이 전투에서 항 투아는 몸이 나자빠질 정도로 무언가에 맞았다. 그 작전은 말라카에게는 성공이었고, 경미한 부상을 입은 항 투아는 갑자기 의식을 잃었다.(『항 투아 영웅 전설』)

60 말라카는 항 투아를 터키로 보내 중포(重砲, heavy cannons) 를 구입하게 하였다.

또한 제독은 병기창을 방문하여 800문의 대포를 구입해서 적기에 말라카로 보냈다. 이 대포들은 말라카의 방어를 강화하는 데 중요하였다.

존경받는 제독을 특사로 보낸 것은 외교적으로도 중요하였는데, 항 투아는 여러 언어에 능하였고, 경륜이 있는 사람이었기 때문이다. 그는 항상 말라카의 국익을 위해 일하였다. 제독은 멘담 베라히호에 승선하였고, 마하라자 세티아와 마하라자 데와가 사이룰 알라민(Sa'irul 'Alamin)호에 승선하여 호위하였다. 이 두 척의 배는 술탄 만수르의 통치기간에 건조되었고, 해군에서 가장 빠른 배였다. 전체 수행단에는 16명의 장교와 470명의 선원이 있었고, 구입한 무기의 40개 장비를 관리하였다.

터키에서 로마로 돌아오는 길에 제독은 아랍 루트를 이용하였는데, 아체, 스리랑카, 제다, 메디나, 메카, 이집트를 거쳐 로마에 도착하였다. 이집트에서 항 투아는 터키의 재고가 부족할 경우를 대비해서 대포 몇 문을 추가로 구입하였다. 그래서 수행단은 이집트와 터키에서의 구입 업무를 마무리하였다.(『말레이 연대기』, 크루센스턴 판)

6

말라카와
교통

1 말라카 술탄의 왕실 선박에는 네 개의 하얀색 돛대가 있었다.

이 돛대는 쌍으로 7에서 8패덤 길이로 뱃머리와 후미에 올려졌다. 말라카에서는 그들은 갈라(galah)로 불렀다.

제독을 위한 공식 선박은 두 개의 흰 돛대가 뱃머리에만 있었다. 그러나 말라카의 술탄은 총리나 제독의 엄격한 감독하에 생산된 특별한 배를 이용하였다. 이 배는 일반적으로 전쟁이나 국빈방문 목적으로 건조되었다. 명백히 방문 목적이라면, 왕실 선박은 일반 전투용 배보다 더 많은 장식을 하였을 것이다. 말라카의 술탄은 필요에 따라 사용할 수 있는 배가 많았고, 각자의 용도가 있었던 것으로 알려지고 있다. 무역용 범선 이외에, 말라카에는 다양한 종류의 능력을 갖춘 배들이 있었다.

일반적으로 배의 선장은 낙호다(nakhoda, 주인/선장)로 불렸다. 말라카는 당시 말라카 기술에 바탕을 둔 독특한 항해 선박을 보유하였다. 돛은 강한 바람이 불어 찢어지거나 팽창하는 것을 방지하기 위해 접을 수 있는 나무제품으로 만들어졌다. 그것 외에도 말라카 배에는 바람이 불지 않을 때 속도를 내기 위한 노(櫓)

가 갖추어져 있었다.(『동쪽으로 가라』)

2 해양 선박은 말라카의 주요 수송 수단이었다.

　　말레이 국가들은 전통적으로 강가에 건설되었고, 이에 따라 인구이동과 동원에 필요한 수상 운송이 필요하였다. 선박에 상당히 의존하였다는 것은 동남아 전체에 걸쳐 공통된 특성이었다.

　말레이 다도해의 반도와 섬에는 한 번도 고품질의 목재가 없어 본 적이 없었다. 그러한 목재는 특정 선박의 부품을 아주 다양하게 공급하는 원천이 되었다. 목재의 풍부함으로 인해 술탄 국가들은 다재다능하고 신속한 해군을 육성할 수 있었다. 말라카는 측근을 위한 몇 척의 왕실 선박을 보유하고 있었다.

1)　멘담 베라히(Mendam Berahi)

2)　젠타 세가라(Genta Segara)

3)　사이룰 알라민(Sa'irul 'Alamin)

4)　미라툴-사파(Mir'atul-Saffa)

5)　바틸 수아사(Batil Suasa)

6)　란장 바궁(Ranjang Bagung)

　이 여섯 척의 배는 특정 목적을 가지고 있었는데, 총리나 제독이 건조 중에 적용하였다. 편의시설 측면에서, 선박 건조자는 위에 언급한 전쟁이나 사치를 위한 배로 분류하였다. 예기치 못한 적과 아울러 위험한 바다에서 살아남기 위해서, 특별한 선박은 용도에 맞게 재조정되어 뱃머리, 우현, 그리고 좌현에 대포가 설치되었다. 또한 술탄은 여행기간 내내 하인들을 데리고 다녔다.

반면에 사치를 위한 선박은 대부분 여성들을 싣고 다녔고, 무기는 적게 실었다.(『항 투아 영웅 전설』)

3 선박 측면에서 말라카는 포르투갈보다 대형이었다.

말라카 선박 여덟 척은 최대 용량으로 보아 스무 척의 포르투갈 선박에 필적하였다. 여기서 말라카의 최전성기에 말라카에서 거래된 상품의 양이 얼마나 많았는지는 가히 짐작될 것이다.

말라카의 무역 선박은 외국에서 제조된 것들이었다. 그것들은 모두 해상에서의 내구력 측면에서 유럽의 선박을 능가하는 나무로 건조되었다. 각 부분은 특별한 수요에 따라 각각 다른 형태의 나무를 사용하였다. 어떤 부분은 부서짐을 방지하기 위해 단단한 나무를 사용하였고, 또 다른 부분은 장비 설치를 위해 부드러운 나무를 사용하였다. 항구에 있는 선박들은 페구(Pegu)와 말라카에서 건조되었다.

원정에 참여하는 모든 선박은 그 특정한 목적에 맞추어 건조되었다. 수행단을 위한 선박의 경우, 탑승할 사람을 기준으로 삼았다. 많은 편의시설이 갖추어졌는데, 특히 여성을 수송할 때 그러했다. 전투에 배당이 되면, 특정한 무기를 장착하였다.

그러나 일반적으로 모든 말레이 선박은 네 개 층의 벽과 선실이 있었다. 또한 선박은 화물 적재와 승객 승선을 최대화하기 위해 화물을 위한 칸과 세 개의 층으로 나누어졌다.

모든 선박에는 선장과 선원들이 있었으며, 선박은 바람과 노(櫓)를 동력으로 하였다.(『포르투갈인들에 의한 인도 제국의 탐험과 정복의 역사』)

4   수도에는 자바와 비마(Bima)에서 온 말이 있었다.

그러나 이 동물은 전투용으로 훈련되지 않았는데, 사람들은 궁수를 위해 나무 구조물을 등에 지고 있는 코끼리가 더 편하기 때문이었다.

말은 수도 전체의 수송용으로 사용되었는데, 그래도 일반인들은 수상(水上) 수송을 더 선호하였다. 육로는 언덕이 많았고, 관리가 항상 잘 되어 있지 않아서 말이 끄는 마차에 손상을 주었다. 게다가 동남아는 자연스러운 말 서식처도 아니었고, 말라카 말은 인도, 몽골, 그리고 아라비아 말의 영향을 받았다.

말레이 문서에 따르면 오직 귀족들만이 도시 밖에서 얻은 말로 승마 기술을 습득하였다. 그래서 귀족들은 집에 돌아와서 완전히 모래로 되어 있는 우페에서 북(北)말라카까지의 간선도로를 지나갈 때 말을 탔다. 남쪽은 습지로 되어 있는 조밀한 지역이었다. 그리고 도시가 바다, 강, 언덕, 그리고 도로가 적은 곳에 위치하고 있었기 때문에, 말은 전쟁 시에 확실히 비효율적이었다.(『두아르테 바르보사Duarte Barbosa의 책』)

5 범선 또는 말라카의 배는 벽이 네 겹으로 되어 있었다.

이 배는 말라카 사람들과 무역에 인기가 있었는데, 넓고 넘을 수 없는 벽으로 되어 있었기 때문이다. 범선은 또한 조타실과 항해 돛대를 가지고 있었는데, 세 가지 모습으로 특화된 눈가리개 모양의 돛을 배치했다. 돛은 바람을 받아도 부풀어 오르지 않았다. 접을 필요도 없었다. 그리고 돛대는 접힘성을 유지하기 위해 떨어뜨려져 있어야 범선이 그 자체 무게에도 불구하고 항해 동안 안정적이었다. 범선은 완전히 대체할 수 있는 부분으로 건조되었기 때문에 외부 수리 인력의 도움을 받을 필요가 없었다.

말라카는 또한 귀족과 평민을 위한 수상 운송의 수집품을 자랑하였다. 각각의 수송은 특정한 해상에 맞는 특정한 기능이 있었다. 몇몇 배들은 수면이 낮은 곳을 항해할 수 있거나, 엄청난 속도를 낼 수도 있었다. 그들 중 일부는 상품이나 코끼리와 같은 동물을 실어 나를 수 있는 화물칸이 있었다.

술탄국 시절, 거의 대부분의 말라카인은 개인용 수상 운송 수단을 가지고 있었다. 말라카인은 해안선이나 물가 지역에 정착하도록 진화해 나갔다. 강은 또한 농촌 지역으로 깊숙이 교차했는데, 이는 말레이 문화에서 수상 운송을 가장 적합한 것으로 만들었다.(『포르투갈인들에 의한 인도 제국의 탐험과 정복의 역사』)

6   멘담 베라히(Mendam Berahi)는 술탄의 가장 빠른 배였다.

길이와 넓이가 60가즈(gaz: 1가즈는 33인치 또는 83.82센티미터), 6패덤이었으며, 다른 배에 비하여 매우 인기가 있었다. 세 개의 갑판과 네 개의 벽으로 된 장엄한 모습이었는데, 제일 낮은 갑판에는 38명의 노 젓는 사람을 수용하였다. 나머지 두 개의 갑판은 술탄, 귀족 그리고 호위 병사를 위한 것이었다.

툰 페락 총리와 항 투아 제독은 40일간 선박이 건조되는 것을 면밀히 감독하였다. 총리는 선미(船尾) 건설을 감독하였고, 제독은 건조자들의 작업수행 감독을 책임졌다. 모든 부분은 판으로 테두리를 둘러 장식되었다.

이 선박에는 노란색, 빨간색 그리고 초록색 가구가 갖춰졌다. 맨 꼭대기 갑판의 장식으로는 노란색-빨간색 조개껍데기 모양의 유리, 그리고 조명 디자인으로 된 구름 모양의 배열이 있었다.

이들은 약간 노란색을 띠게 칠해졌다. 주 돛대(mainmast)에서 선체 중앙부, 선미까지 아름다운 조각으로 장식되지 않은 곳이 없었다.(『항 투아 영웅 전설』)

7   코끼리는 말라카에서 가장 중요한 동물이었다.

모든 정복에서 패배한 왕은 전리품으로 코끼리를 내놓아야 했다.

말라카에서 코끼리는 대부분 술탄만이 사용할 수 있는 왕실 수송 수단이었다. 이 동물은 말라카의 전성기에는 도처에 넘쳐났다. 덩치가 크기 때문에 코끼리는 훈련된 조련사의 전문지식이 필요하였다. 그들은 현지에서 코끼리를 포획하고 순하게 만들 수 있는 말림 가자(malim gajah, 코끼리 조련사)로 불렸다. 코끼리는 운송 수단으로 이용되었을 뿐만 아니라 왕족의 힘을 상징하였다.

말라카의 왕은 큰 코끼리 네 마리를 얻기 위해 시암에 특사를 보냈다. 이 문화에서 그러한 동물을 잃는 것은 왕실의 권위를 깎아내리는 얄팍한 외교였다. 말레이인들에게 왕이 자신의 코끼리를 보호하지 못하는 것은 무능한 행정의 결정적인 표시였다.

세리 데와 라자, 세리 라마, 그리고 코자 하산(Khoja Hassan) 제독은 코끼리 조련에 능숙했던 귀족들이다. 일찍이 코끼리 가축

사육은 리고르(Ligor) 왕족의 대표로서 말라카에 포로로 와 있던 데와 수라 황제가 가르쳐 주었다. 술탄은 귀족들에게 코끼리 조련법을 스스로의 비용으로 배우라고 명령하였다. 마지막 날까지 말라카는 코끼리를 최대한 활용하였다.(『말레이 술탄국의 기술』)

7

말라카와
놀이

1 말 타기는 대중들의 놀이거리 중의 하나였다.

라자 자이날 아비딘(Raja Zainal Abidin)은 술탄 알라우딘 샤의 왕자였으며, 나중에 술탄이 된 마흐무드 샤의 이복동생이었다. 그는 또한 캄파르에 있는 술탄 무나와르의 남동생이었다.

그는 말 타기를 너무 좋아해서 침실 옆에 조그만 개인 외양간을 둘 정도였다. 밤에도 라자 자이날은 말들과 놀았다. 그가 말을 타고 도시와 우페를 지나갈 때면, 항상 백성들에게 관심의 대상이었다. 그는 말을 화려하게 치장하였고, 그 자신은 향수를 바르고 다녔다.

말 타기와 함께 그의 인기는 대단하였고, 그로 인해 마흐무드 샤의 질투를 받았다. 그의 이복형제는 화가 나서 그를 암살해 버렸다.(『말레이 연대기』, 크루센스턴 판)

2 말라카는 그들만의 체스 게임을 가지고 있었다.

말라카에서 툰 피크라마는 파두카 라자 총리의 아들이었

으며, 그 자신이 장래 총리가 될 예정이었는데, 손재주가 있는 체스 경기자였다. 그는 파사이(Pasai)의 툰 바하라를 만나기 전까지는 말라카 전체를 통틀어 적수가 없었다.

원래 체스는 6세기경 인도에서 시작되었다. 굽타 왕조 시기에 그것은 차투랑가(Caturanga)라고 불렸다. 이 게임은 말라카 이외의 페르시아와 다른 지역으로 건너갔다. 전 세계의 모든 무역 항구에서 체스 게임을 하였다.

체스는 강한 사고력을 요구하였다. 참가자는 온전히 게임에만 집중해야 하며, 상대방에게 함정을 만들어야 한다. 참가자는 체스를 두면서 다른 일을 하려면 어느 정도 통달해야 가능했다. 비록 일반 백성들에게는 인기가 없었지만, 체스는 말레이의 귀족과 무역상인들 사이에 놀이로 남아 있었다.(『말레이 연대기』, 크루센스턴 판)

3   만칼라(Mancala, 보드 게임)는 말라카에서 또 다른 인기 있는 놀이였다.

기록에 따르면 이 놀이는 사회 계급에 상관없이 말레이 사람들 모두에게 친숙하였다.

규칙은 단순하고, 쉬웠으며, 덜 심각하였다. 참가자들은 나무로 된 판에 조약돌이나 작은 물체로 구멍을 메워나가야 했다. 대부분의 만칼라는 단순한 조각품으로 되어 있었다. 그러나 몇몇은 정교하게 장식되었다.

　귀족들도 만칼라 놀이를 한 것으로 알려져 있다. 귀족들은 상대적으로 화려한 놀이판을 가졌다. 예를 들면, 툰 무타히르의 가족들은 조그만 금 조각으로 만칼라 놀이를 하였다. 구멍에서 빠져나온 금 조각은 결코 다시 사용되지 않았으며, 대신에 세리 마하라자 무타히르 총리에 의해 채워졌다.(『말레이 연대기』, 크루센스턴 판)

4　세팍 라가(Sepak raga)*는 말레이 전체에서 어린이와 청소년들이 매일 하던 놀이였다.

　세팍 라가는 십대들의 단체 경기로서 등나무 공을 던지도록 되어 있었다. 이 공은 계속해서 타격을 가해야 했다. 공을 타격하지 못하면 패자가 되는 것이 경기의 규칙이었다. 그것은 말라카, 특히 말레이인들에게 매우 인기가 있었다.

　말루쿠의 왕은 이 경기에 탁월하였다. 한번은 그가 말라카를 방문하였는데, 그때 그는 공을 타격하거나 던지는 데 한 번도 실패한 적이 없었다.

　그러나 이 경기는 또한 말라카에서 피비린내 나는 역사를 가지고 있다. 툰 페락 총리의 아들이 세팍 라가 경기를 하다가 죽임을 당하는 일이 일어났던 것이다. 그 사건에서 툰 베사르는 공을

---

* 세팍타크로의 원형 —역주

던졌는데, 공교롭게도 술탄의 왕자에게 직선으로 던져졌고, 안전모에 공을 맞은 왕자는 화가 나서 툰 베사르를 죽여 버렸다고 한다. 오늘날 세팍 라가는 정교한 규칙이 있는 현대 스포츠로 통합되었다.(『말레이 연대기』, 크루센스턴 판)

5   연날리기도 말라카에서 행해지던 놀이 중의 하나였다.

연날리기는 가벼운 나뭇가지와 종이, 그리고 줄만 있으면 되었다. 종이 한 장을 잘라 가벼운 틀에 맞추어 바람을 받을 수 있는 형태로 유지한다. 틀은 긴 줄로 연 날리는 사람에게 연결된다. 대개 이 놀이는 바닷가나 언덕과 같은 바람이 잘 부는 곳에서 했다.

말레이 자료에 따르면 말라카의 라자 무다 아흐마드는 연날리기를 좋아했다. 그는 큰 연을 가지고 있었고, 그 크기에 맞는 단단한 줄을 가지고 있었다. 때때로 작은 연들은 그의 큰 연의 희생물이 되었다.

그러나 항 이사 판타스(Hang Isa Pantas)가 마침내 이를 극복하였다. 그는 고의로 라자 아흐마드의 줄을 겨냥하여 자신의 연줄을 조그만 유리 조각으로 감쌌다. 고의에 의해 왕실의 연줄이 잘려 버렸고, 그 연은 탄중 자티(Tanjung Jati)에서 발견되었다.(『말레이 연대기』, 크루센스턴 판)

8

말라카와
부패

1 알리 마누 나야나(Ali Manu Nayana)는 말라카의 부유한 상인이었다.

알리 마누 나야나는 말라카의 귀족들에게 뇌물을 바치는 치명적인 습관을 가지고 있었다. 그는 항상 귀족들을 즐겁게 하기 위해 공적인 모임을 자주 열었다. 언제나 어떤 귀족이 참석을 하면 그 기회를 포착하였다. 그의 접근은 자신의 사업을 위한 뇌물 이야기를 하기 위해서였다. 그는 뇌물로 무슨 일이든지 할 수 있다고 믿을 만큼, 귀족들에게 성공적으로 뇌물을 주는 것을 자랑스럽게 생각하였다.

그러나 툰 하산 테멘궁은 단호하게 독이 있는 그의 제안을 거절하였다. 툰 하산 테멘궁은 툰 무타히르의 아들로, 부패와의 싸움을 펼침으로써 행정가들과 무역상들에게 무시무시한 이미지를 심어 주었다.(『말레이 연대기』, 크루센스턴 판)

2 말라카의 많은 집행관들은 무역 상인에게 뇌물을 요구하였다.

말라카는 전면적이고 급속한 무역활동의 호황을 맞이하였다. 특히 우페의 일상적인 거리는 현지인과 상인들로 가득하였다.

도시의 법은 공공도로 바로 옆에서는 어떠한 상업 활동도 금지하였다. 그러나 업계 사람들과 상인들은 이 법을 위반하였다. 반면에 법 집행관들에게는 기회가 찾아왔다: 돈으로 뇌물을 받거나 압수 명령을 내리는 것. 그러한 일이 술탄 마흐무드 샤의 통치시기에 만연하였다.

아무리 술탄이 법집행에 단호하다고 하더라도, 집행관들은 효율성을 떨어뜨렸다.(『말레이 연대기』, 크루센스턴 판)

3 부패 문제는 툰 무타히르 총리를 치명적인 중상모략에 연루되게 하였다.

두 명의 유명한 상인 사이에 분쟁이 일어났다. 나야나 수라 데와나와 라자 멘델리아르는 직접 툰 무타히르 총리를 찾아가서 해결책을 찾는 데 동의하였다.

그러나 수라 데와나는 툰 무타히르에게 줄, 적어도 10캐티*에 상당하는 금 선물을 미리 준비하였다. 그는 은근히 총리가 멘델리아르와의 재판에서 자신의 편을 들어주었으면 하는 희망을 가졌다.

그러나 아무도 모르게 수라 데와나의 가족 중 한 명이 이를 지켜보고 있었다. 시 키툴(Si Kitul)이라는 이 사람은 라자 멘델리아르에게 빚진 것이 얼마 있었다. 그는 정보를 주는 대가로 빚 탕감을 요청했다. 화가 난 멘델리아르는 잔인한 툰 무타히르가 살해되기를 간절히 바랐다. 그는 코자 하산 제독을 밤에 만나서 많은 양의 금과, 보석, 그리고 비싼 옷을 선물로 주었다.

이 선물은 코자 하산 제독이 툰 무타히르에게 신속한 행동을 취하도록 하기 위한 것이었다. 바로 그날 밤 제독은 술탄 마흐무드 샤를 만나서 멘델리아르의 불만 사항을 전달하였다. 툰 무타히르가 술탄을 몰아내려는 음모를 꾸몄다고도 말하였다. 무타히르의 법 위반에 대한 오래된 원한들이 폭발점에 도달하였다.

술탄은 총리의 전 가족에게 사형 선고를 내렸다.(『말레이 연대기』, 크루센스턴 판)

---

* 캐티(cattie): 중국, 동남아의 중량 단위. 1과 1/3 파운드, 또는 600그램 — 역주

4 툰 하산 테멘궁의 관리도 부패하였다.

위에서 언급한 대로 툰 하산은 부패에 대해 매우 엄격한
귀족이었다. 그러나 그의 관리들은 그와 같은 정신상태를 공유
하지 않았다. 여분의 돈이 필요해서 관리들은 간선도로가 가게
들로 넘쳐난다는 불만을 제기하였다. 툰 하산은 관리들에게 간
선도로를 측량해서 모든 가게가 법에 맞게 운영되도록 하라고
명령하였다.

그러나 툰 하산의 관리들은 상인들의 돈을 갈취하였다. 돈을
주지 않는 상인들의 상품을 압류했다. 관리들은 일부러 측정 테
이프를 상점 안에 갔다 놓았다. 상점 주인들은 결정적인 손실을
피하기 위해서는 얼마의 돈을 지불해야 하는지를 알았다. 이러한
상황은 정부에 대한 증오심을 불러일으켰고, 공공서비스는 형식
적이 되어 제대로 기능을 하지 못했다.(『말레이 술탄국의 행정: 출현
과 영광』)

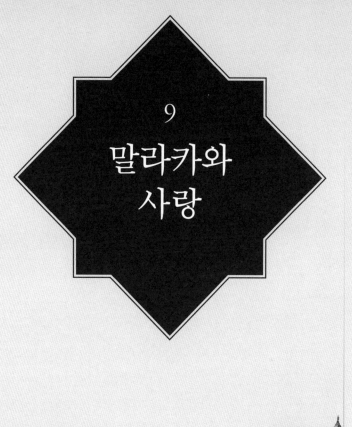

9

말라카와
사랑

1 툰 쿠두(Tun Kudu)는 술탄 무자파르(Muzaffar)의 아내였다.

그녀는 또한 툰 페락과 툰 페르파티흐 푸티의 오래된 친척이었다. 아울러 그녀는 총리의 가족과 귀족인 세리 나라 디라자(Seri Nara Diraja) 사이의 갈등으로 인한 정치적 충돌의 희생자가 되었다. 그 분쟁은 술탄 무자파르 샤가 술탄 아부 샤히드를 축출한 것에 대한 공로로 세리 나라 디라자에게 높은 관직을 내림으로써 시작되었다. 이 불행한 사건으로 술탄 무하마드 샤와 마니 푸린단(Mani Purindan)의 딸인 툰 우테(Tun Ute)의 결혼으로 태어난, 적통이 아닌 왕자가 왕위를 계승하는 결과를 낳았다.

이 사건은 또한 순수한 말레이인들과 말라카에 살고 있는 인도 출신 말레이인 후손들 사이에 소란을 일으키는 원인이 되었다. 그를 강제로 관직에서 물러나게 하기 위해, 술탄 무자파르 샤는 세리 나라 디라자와 결혼하기로 되어 있었던 툰 쿠두를 갈라서게 하였다. 이 사건 이후 술탄은 소요사태를 달래기 위해 툰 페락을 총리로 임명하였다.

정치적 해결에도 불구하고, 툰 쿠두의 희생은 간과되어서는 안

된다. 그녀의 사심없는 행동은 툰 페락의 취임과 귀족들 사이의 평화를 보장하였다. 그것은 또한 이전에 고관(高官) 자리에 대한 합법적인 권리를 가졌던 세리 나라 디라자의 가족들에게 명예를 회복시켜 주었다.(『말레이 연대기』, 크루센스턴 판)

2   툰 테자(Tun Teja)는 파항의 술탄 압둘 자밀과 약혼하였다.

그녀는 파항의 세리 아마르 방사 라자(Seri Amar Bangsa Raja) 총리의 딸이었다. 약혼 이후 그녀는 결혼 날짜를 기다리고 있었다. 세리 데와 라자의 공식 방문 기간 동안에, 술탄은 코끼리 잡는 게임으로 말라카의 귀족인 그를 골탕 먹이려고 하였다. 그는 그 귀족의 아들인 툰 우마르(Tun Umar)가 기름이 칠해진 코끼리를 타게 했고, 경사진 도로를 내려가게 해서 다치게 만들었다. 그 목적은 명백히 그를 떨어지게 만들려는 것이었다. 이에 화가 난 세리 데와 라자는 말라카로 돌아간 이후 복수할 계획을 꾸몄다. 그는 술탄 마흐무드에게 툰 테자의 미모에 대해 알려주었다.

술탄 마흐무드는 바로 그녀의 매력에 빠져 버렸다. 그는 툰 테자에게 줄 푸짐한 제안을 하였고, 거기에는 어떠한 잘못도 용서한다는 것도 포함되었다. 항 나딤은 기회를 포착하였고, 툰 테자가 그와 같은 결혼에 동의하도록 확신시켰다.

툰 테자는 그녀보다 나이도 적고 이미 결혼한 술탄 압둘 자밀 보다 말라카 술탄의 유일한 배우자가 될 수 있는 이점에 대해서 깨닫게 되었다. 일부일처 외에도, 툰 테자는 또한 파항의 여왕으로부터 충성 서약을 받게 될 것이었다. 그녀가 술탄 마흐무드와 결혼함으로써 딸 푸테리 아람 데위가 태어났다.(『말레이 연대기』, 크루센스턴 판)

3 술탄 만수르의 청혼을 위한 수행단은 귀족인 툰 비자 수라가 이끌었다.

술탄 만수르는 방문기간 동안 그를 호위하고 안전을 책임질 아홉 명의 뛰어난 장수를 선발하였다. 그들은 항 제밧, 항 카추리, 항 레키르, 항 레키우, 항 알리, 항 이스칸다르, 항 하산, 항 후신, 그리고 항 투아였다.

라덴 갈루흐 첸데라 키라나(Raden Galuh Cendera Kirana)의 미모는 술탄 만수르를 홀딱 반하게 만들었다. 그녀는 마자파힛 출신 공주였다. 그는 청혼을 하러 가기 위해 500척의 배를 준비하였고, 각료들과 제국의 장군들과 함께 파두카 라자 툰 페락 총리, 세리 나라 디라자, 그리고 세리 비자 디라자가 수행하였다. 인데라 기리(Inderagiri)에서 온 마하라자 메를랑, 그리고 팔렘방, 잠비, 리가, 통칼에서 온 왕들도 이 행렬에 참여하였다. 그것은 매우 성공적이었는데, 왜냐하면 술탄 만수르는 마자파힛의 왕실 사위(royal son-in-law)가 되었기 때문이다. 라덴 갈루흐 첸데라 키라나(Raden Galuh Cendera Kirana)는 임신했고, 라덴 칼랑(Raden Kalang)을 낳았다.(『말레이 연대기』, 크루센스턴 판)

4 술탄 만수르 샤는 또한 라덴 갈루흐 첸데라 키라나와 결혼한 후에 중국 공주 항 리 포(Hang Li Po)와 결혼하였다.

항 리 포는 술탄에 대한 선물로 중국의 궁녀 500명과 함께 보내어졌다.

이전에 툰 페르파티흐 푸티는 시암의 위협에 직면하여 외교관계와 안전 문제를 협의하기 위해 중국으로 파견되었다. 그 사절단은 실질적으로 시암이 추후에 말라카를 위협하는 것을 차단하였다. 경멸과 불만의 감정을 가지고 있었음에도 불구하고, 시암은 감히 말라카에 대해 어떻게 하지 못하였다. 파두카 미맛은 만수르 샤와 항 리 포의 왕실 결혼으로 태어났다. 그를 통해 술탄 만수르 샤는 손자 파두카 세리 치나를 얻었고, 그 후 증손자 파두카 아흐마드와 파두카 이삽을 얻었다.

술탄 만수르 샤는 항 리 포와 그녀의 궁녀들을 말라카의 중국 언덕에 머물게 하였다. 우물과 왕궁터 같은 그들의 정착지는 오늘날에도 여전히 남아 있다.(『말레이 연대기』, 크루센스턴 판)

5　세리 페르탈라 에마스는 푸테리 구눙 레당의 형제였다.

　　푸테리 구눙 레당의 실제 이름은 툰독(Tundok) 공주로 자
바 태생이었다. 라덴 세리 코소모와의 불화로 그녀의 형제자매들
은 자바에서 레당산(山)으로 이주하여 살았다. 그때부터 사람들
은 툰독을 푸테리 구눙 레당(레당산 공주)이라고 불렀다.

　술탄 마흐무드 샤는 그녀의 미모에 푹 빠졌다. 그는 최근에 파
항국(國) 술탄의 딸이자 라자 아흐마드의 어머니인 라자 와티
(Raja Wati)을 잃었다. 그래서 그는 항 투아, 항 세티아, 그리고 툰
마맛에게 청혼을 부탁하였다. 그것은 합당하지 않은 요구로 인
해 예상대로 정중하게 거절당하였다.(『말라카 제독 항 투아 이야기』,
특별판)

6　술탄 마흐무드는 푸테리 구눙 레당에게 청혼하였다.

　　이 공주는 오늘날 조호르에 해당하는 레당산 꼭대기에 살
았던 것으로 알려지고 있다. 술탄은 자신이 그녀의 비길 데 없는
아름다움에 합당한 인물이라고 자신하였다. 그래서 두 명의 귀
족, 즉 항 투아와 툰 마맛을 보내 그녀에게 청혼하려 했다.

항 투아는 나이가 많이 들어 이 먼 거리의 여행을 완수할 수 없었다. 그래서 툰 마맛은 혼자 대표로 계속 길을 갔다. 청혼은 마침내 받아들여졌으나, 매우 귀에 거슬리는 조건으로 이루어졌다. 술탄은 푸테리 구눙 레당에게 다음과 같이 해 주어야 했다.

1) 말라카에서 레당산까지 금으로 된 다리를 놓을 것
2) 말라카에서 레당산까지 은으로 된 다리를 놓을 것
3) 일곱 쟁반의 모기 간
4) 일곱 쟁반의 미생물 간
5) 일곱 도기 냄비에 가든 채운 처녀의 눈물
6) 일곱 도기 냄비에 가득 채운 어린 빈랑나무 열매 주스
7) 라자 무다(Raja Muda)의 피 한 사발

마침내 술탄 마흐무드 샤의 마음이 바뀌어 그 노력은 무산되었다.(『말레이 연대기』, 크루센스턴 판)

10

말라카와
법률

1 말라카에는 식민지를 포함해서 모든 지역에 간소화된 법이 있었다.

제국은 여러 측면에서 안정적이고 강력한 정부를 가지고 있었다. 그래서 정의와 사회규칙에 관한 문제를 포함해서 강력한 문명이 필요로 하는 모든 요소를 갖추었다. 술탄 무자파르는 조화와 평등을 유지하기 위해 23개 지역과 식민지에 44개 조항의 교회법을 마련하여 시행하였다. 교회법은 제국 전체를 통해 총리, 테멘궁, 책임 재무관, 그리고 유사한 직책을 가진 귀족들에게 참고 기준으로 활용되었다.

조항 1.1 평민은 노란색, 속이 훤하게 보이는 옷, 그리고 금박의 크리스 단검을 착용해서는 안 된다.

1.2 모든 왕실 노예는 왕실의 규칙과 명령에 복종하고 충성해야 한다.

1.3 왕에 관한 용어와 조건들

조항 2.1 왕실 언어는 오직 왕과 왕실 가족만을 위한 것이다. 누구라도 이를 위반하면 사형에 처한다.

2.2 왕의 명령을 허위로 전달하는 것은 사형에 처해질 수 있는 범죄이다.

조항 3.1 왕을 제외하고, 장례식에서 돈을 뿌리거나, 노란색의 우산, 물건, 베개 또는 손수건을 쓸 수 없다.

조항 4 살인, 사람을 찌르는 사건, 마구 베는 행위, 때리는 행위, 압류, 도둑질, 비난하는 것, 재판관에게 거짓말하는 것, 왕실의 명령을 잘못 사용하는 것, 또는 왕실의 명령에 복종하지 않는 것은 사형에 처해질 수 있는 범죄이다.

조항 5.1 왕이나 담당 귀족의 명령 없이 사람을 죽이는 자는 사형에 처한다.

5.2 부인이나 범죄자, 잘 잡히지 않는 도둑 또는 모욕하는 사람을 죽이는 것은 왕의 명령이 필요 없다.

5.3 아내를 죽이고 도망친 자를 죽이는 것은 법적 책임이 없다.

5.4 왕실 사형집행인을 죽이는 것은 범죄이다.

조항 6.1 난폭한 사람을 죽이는 것은 허용된다.

6.2 업무를 수행하는 귀족이나 장관은 아래의 6개 사항을 준수해야 한다:

6.2.1-결정하기 전에 철저히 조사할 것

6.2.2-명령을 이해할 것

6.2.3-공물을 거둬들이는 방법을 이해할 것

6.2.4-양쪽의 말을 들을 것

6.2.5-엄격한 징벌을 내릴 것

6.2.6-조사한 것을 심도 있게 이해할 것

6.3 정당한 이유 없이, 신중하지 않게 살인을 하거나, 남의 아내를 빼앗거나, 공적 불법 방해를 일으키거나 하는 사람들은 용서할 수 없다.

6.4 주인을 살해한 노예는 사형에 처한다.

조항 7.1 왕실 노예를 죽인 후 도망간 자는 사형에 처하거나, 노예로 삼는다.

만약 어떤 귀족이 왕실 노예를 죽이면, 그는 자그마치 1캐티* 5테일**의 금(약 793.8그램)을 벌금으로 부과한다.

7.2 체포된 도둑을 죽이는 것은 범죄행위로 벌금에 처

---

* Catty: 카티(Kati)라고도 알려져 있다. 동남아시아에 걸쳐 사용되는 중량단위이다. 말레이시아에서 1캐티는 604.8그램, 또는 16테일에 해당한다.
** Tael: 타힐(tahil)이라고도 한다. 극동의 몇몇 무게 단위로서 아무것에나 적용되는 단위이다. 말레이시아에서 1테일은 37.8그램에 해당한다.

한다.

7.3 도둑질하는 왕실 노예를 죽이는 것은 범죄행위로 벌금에 처한다. 그러나 소유자는 도둑을 잡아서 죽일 수 있다.

조항 8.1 자유민을 다치게 하는 노예는 다시 노예로 삼는다. 노예를 다치게 하는 자유민은 노예 가격의 절반에 해당하는 벌금을 내야 한다.

8.2 자유민을 말로 욕하는 노예는 이를 뽑는다.

8.3 만약 어떤 사람이 두드려 맞으면, 그는 3일 내에 때린 자를 죽일 수 있다. 그 기간이 지나면 피해자는 아무것도 할 수 없다.

조항 9.1 사형을 집행할 수 있는 귀족은 다음과 같다:
a. 술탄이 외국에 있을 때 직무를 대행하는 총리
b. 테멘궁: 그가 체포한 누구라도 죽일 수 있다.
c. 항무관(港務官): 항구에서 범죄자를 죽일 수 있다.
d. 선장: 바다에서 범죄자를 죽일 수 있다.

9.2 사형집행을 할 수 있는 지위에 있는 선장이 만약 선원의 아내를 빼앗으면 그도 사형에 처한다.

조항 10 만약 인도(引渡) 중에 노예가 죽으면, 인도자가 전적으로 책임을 진다.

조항 11.1 도둑은 도둑질한 곳으로부터 같은 날 두 개의 마을 안에 있다면 죽일 수 있다. 만약 도둑질에 많은 사람들이 가담했다면, 침입자만 수족이 절단될 수 있다.

11.2 곡물 도둑은 수족이 절단되지는 않는다. 범죄가 밤에 일어났다면, 사형에 처한다.

11.3 배 도둑은 주인에게 전액을 물어주어야 한다.

11.4 노예상인은 노예가 가축을 훔치면 과실 책임이 있다.

조항 12.1 결혼한 여성에 대한 성적인 접근은 남편에 대한 공개사과로 벌한다. 결혼하지 않은 여성에 대한 성적인 접근은 벌금에 처하거나, 여자의 부모가 동의할 경우에는 결혼시킨다.

12.2 성관계를 한 남성은 여성이 자유인이면 결혼한다. 만약 거절한다면 벌금을 내야 한다.

12.3 증거 없이 다른 사람이 간음했다고 고발하는 자는 80대의 매질과 10테일의 벌금에 처한다. 고발자가 증거를 제시하면 벌은 없다.

조항 13.1 노예를 바다에서 도난당하면 주인은 소송을 제기

할 수 없다. 노예를 육지나 강에서 도난당하면, 그
도둑은 벌금에 처한다.

13.2 도둑의 집에 훔친 노예가 있으면, 그 집을 몰수한
다. 도둑이 노예를 배에 숨기면, 5테일의 벌금에 처
한다.

13.3 도둑이 도움을 받았다면, 공모자 역시 도둑으로 간
주한다. 왕의 이름을 부정직한 목적으로 사용하는
경우 혀를 자르거나 머리 가죽을 벗긴다. 총리에게
거짓말을 하면 얼굴을 먹칠하거나 벌금에 처한다.
총리나 귀족에게 반항하는 범인은 사형에 처한다.

조항 14.1 두 사람이 서로 고발할 경우, 그들은 진실을 증명
하기 위해 물속에 뛰어들거나, 손을 끓는 기름이나
녹은 납 속에 넣어야 한다.

14.2 어떤 남자가 아내의 부정을 증명하지 못할 경우,
그는 사형이나 벌금형에 처한다. 그리고 이슬람법
을 통해 회개해야 한다.

조항 15.1 어떤 노예가 주인도 모르게 고용되어 죽거나 실
종될 경우, 고용한 사람은 피해소송을 제기할 수
없다.

15.2 어떤 노예가 주인의 인지하에 고용되어 일하다가

죽을 경우, 고용한 사람은 노예 가격의 1/3을 주인에게 지불해야 한다.

15.3 고용된 노예가 주인의 허락 없이 헤엄치다가 죽을 경우, 고용한 사람은 노예 가격의 절반을 주인에게 지불해야 한다.

15.4 호랑이가 물소를 죽일 경우: 물소가 우리 안에 있었으면, 빌린 자는 물소가격의 절반을 소유자에게 지불한다. 물소가 우리 밖에 있었으면, 빌린 자는 소유자에게 전액을 지불한다.

15.5 주인의 허락 없이 훔친 노예 여자와 성관계를 하면 1.5테일의 벌금에 처한다. 동의한 성관계는 5개의 금 조각 벌금에 처한다.

15.6 빌린 노예 여자와 성관계를 한 경우: (1) 처녀는 10개의 금 조각과 함께 천과 셔츠 한 벌의 벌금을 부담한다. (2) 이혼한 여자는 천과 셔츠 없이 5개의 금 조각 벌금을 부담한다.

15.7 물소를 빌린 자는 만약에 그 물소가 나무를 끌거나, 또는 특별한 이유 없이 죽을 경우 물소 가격의 절반을 벌금으로 지불한다.

15.8 빌린 칼을 부러트린 자는 칼 가격의 절반을 벌금으로 내야 한다.

조항 16.1 어떤 사람이 다투다가 죽을 경우, 그의 가족은 소
송을 제기할 수 없다.

16.2 다음과 같은 상황에서는 중재가 허락된다:

a. 아내를 죽였을 경우

b. 친구를 도왔을 경우

c. 학대받는 사람을 도왔을 경우

16.3 다음 세 가지 경우에 친구를 도와줄 수 있다:

a. 왕이 그 문제에 대해 들은 바가 없을 경우

b. 친구가 반격할 수 없을 경우

c. 친구가 옳을 경우

조항 17.1 재판관도 모르게 어떤 사람을 죽이기 위해 암살자
를 고용하는 것은 흉악 범죄로서 1파하(paha)*와 10
테일의 금(약 529.2그램) 벌금에 처한다. 만약 암살이
성공하면, 암살자를 고용한 사람은 모든 피해 보상
을 해야 한다.

17.2 재판관도 모르게 암살자를 고용하는 것은 1과 1/4
테일의 벌금에 처한다.

조항 18.1 약혼한 여자에게 성적으로 접근하면 벌금에 처한다.

---

* 이 경우의 파하(paha)는 말레이 고어(古語)로서, 1파하는 4테일에 해당하는
금으로 된 동전의 무게를 말한다.

18.2 아래 네 가지 경우에는 약혼한 여자가 약혼 선물을 받은 그대로 돌려줄 수 있다:

a. 약혼남이 야비한 성격일 경우

b. 약혼남이 미친 사람일 경우

c. 약혼남이 책임감이 없을 경우

d. 약혼남이 아플 경우

18.3 노예가 약혼한 여자에게 성적으로 접근하면 10개의 금 조각 벌금에 처한다.

18.4 누구든 술탄이나 귀족처럼 행세한 자는 최대 10과 1/4테일의 벌금에 처한다.

18.5 취했을 경우에도 칼로 찌르거나 창피를 줄 경우 죄가 있는 것으로 판정한다.

조항 19.1 다른 사람의 땅을 빌린 정착자는 수확한 곡물을 소유자와 나누어야 한다. 만약 곡물이 팔렸으면, 수입의 1/3을 소유자에게 주어야 한다. 만약 나무가 잘렸으면, 과일의 1/3은 소유자의 몫이다. 귀족은 토지 소유권의 이전을 미리 왕에게 알려야 한다.

19.2 금 소유주는 어떤 사람이 그에게 수확량이 많지 않은 과수원을 전당포에 맡겼을 경우 변제를 받을 권리가 있다. 만약 수확된 것이 지불된 금의 가격과 동등하면, 수확량의 2/3는 과수원 소유주의 몫이다.

조항　20.1　땅은 두 가지 종류로 분류된다. 산 땅(곡식을 기르는 땅)과 죽은 땅(정착하지 않은 정글)

　　　　20.2　산 땅에 농가를 지으면 기소될 수 있다.

조항　21.1　소의 소유자는 공공장소에 묶여 있던 소가 타인에게 부상을 입힐 경우 벌금에 처한다. 소가 정글 지역에서 타인에게 부상을 입힌 경우에는 벌금에 처하지 않는다.

　　　　21.2　귀족의 물소를 칼로 찌르는 사람은 노예가 될 수 있다. 평민의 물소를 찌르는 사람은 피해를 배상해야 한다. 화가 나서 평민의 소를 찌르는 사람은 기소되지 않는다. 해를 끼치는 물소는 그것이 우리 안에 있지 않을 경우 낮이나 밤에 죽여도 된다. 길들여진 물소를 화가 나서 죽인 경우 물소 가격의 절반을 지불해야 한다. 우리 안에 있는 길들여진 물소를 죽이는 경우 물소 전체 가격만큼의 벌금에 처한다. 염소를 훔친 경우 1/4 테일의 벌금에 처한다. 만약 일반인의 염소가 도난당한 경우, 염소 가격만큼의 벌금에 처한다.

　　　　21.3　야생 물소를 잡아서 우리에 가둬 놓을 경우 동물 가격의 1/3의 벌금에 처한다. 해를 끼치는 물소를

잡을 경우 소 전체 가격만큼의 벌금에 처한다.

조항 22.1 어떤 사람이 자신의 과수원에서 불을 내는 경우 기소될 수 있으나, 다른 과수원에 화재 피해를 입힌 것에 대해서는 벌금을 부과할 수 없다. 만약 기소되었을 경우, 그는 다른 과수원의 노역(heap-and-burn)에 처한다.

22.2 정원에 울타리를 치지 않아 자신의 동물이 타인의 울타리 친 정원에 손해를 입힌 경우 벌금에 처한다.

22.3 만약 어떤 사람이 울타리나 곡물을 훔친 경우, 그의 장비와 크리스 단검은 몰수된다.

조항 23.1 배가 고프거나 투쟁하는 사람을 노예로 삼는 것은 불법이다.

23.2 타인의 노예가 속량(贖良)을 위해 일하다가 죽은 경우, 노예 가격의 1/3 벌금에 처한다. 그러나 만약 그 속량에 대해 왕이 알고 있는 경우는 벌금을 지불하지 않아도 된다.

23.3 난파된 배의 노예를 파는 것은 금지된다.

23.4 바람이 불지 않은 시기에 배를 섬에 남겨 놓는 사람은 5개의 금 조각 벌금에 처해질 수 있다. 만약 노예가 그렇게 할 경우 7개의 금 조각 벌금에 처해진

다. 선장이라고 하더라도 이 벌금을 피할 수 없다.

23.5 배 소유자는 자신의 배가 바다에 표류하고 있는 것을 찾은 사람에게 선박 가격의 절반을 지불해야 한다. 배가 그냥 표류했을 경우에는 1쿠팡(Kupang)*만 지불해도 된다.

23.6 배 소유자는 선박을 묶은 줄이 고의로 잘렸거나 표류된 선박이 왕이나 귀족의 것일 경우에는 벌충(redeem)하지 않는다.

23.7 표류된 배 안에서 발견된 재산은 소유자와 찾은 사람이 둘로 나눈다.

조항 24.1 왕, 귀족, 선장, 또는 병사에게 속한 노예를 훔치는 것은 사형죄에 해당한다. 도둑을 잡게 되면 그의 재산은 몰수한다. 선장이 세금을 회피하면 재산이 몰수되거나 포탈한 세금의 두 배의 벌금에 처한다.

24.2 대리인이 물건을 엉뚱한 사람에게 주면 해당 물건은 돌려주지 않는다. 법적 위임장이 없는 대리 행위는 금이나 다른 물건으로 대체되지 않는다.

조항 25.1 무즈비르(mujbir)** 관리인과 다른 양육권을 포함한

---

* 금 중량의 크기(0.64그램에 해당)
** 왈리 무즈비르(Wali mujbir, 강제집행자)는 이슬람법의 기술적인 용어로서 신

관리인(왈리wali)*은 이슬람법에 따라 결정된다.

25.2 결혼의 유효성은 조건과 선언에 따라 결정된다.

조항 26 결혼 증인은 4명으로 구성된다. 결혼 증인이 될 수 있는 조건과 관련하여, 노예와 여자는 될 수 없다.

조항 27 키야르(khiyar, 선택) 원칙**은 개인들로 하여금 배우자가 다음 같은 증상, 즉 정신이상, 백반증, 섬유종, 자궁내막염증, 또는 발기 부전이 있을 경우 결혼생활을 끝낼 수 있다.

조항 28.1 이혼은 협의 이혼과 비협의 이혼 두 가지로 나뉜다.

28.2 남자는 조로아스터교 여자나 무슬림 개종자와 결혼할 수 있다. 그러나 우상숭배자와 결혼하는 것은 불법이다.

28.3 남자는 아래와 같은 조건으로 노예와 결혼할 수

부의 보호자로서 처녀인 딸이나 손녀의 결혼을 먼저 그녀의 허락을 받지 않고 결정할 수 있는 사람을 말한다. 대부분의 이슬람법에서, 신부의 생부(生父)나 친할아버지만이 왈리 무즈비르가 될 수 있다.

* 왈리(Wali)는 아랍어로 관리자, 보호자, 신뢰자 또는 친구를 의미한다. 이 말은 신앙심이 깊은 사람이나 결혼식 때 일상적으로 사용된다.

** 이슬람법 체계로서 이에 따르면 일방, 쌍방, 또는 심지어 제3자까지 전자적(電子的)으로나 관습적으로 계약을 무효로 할 수 있다. 키야르(Khihar)는 아랍어로 '선택'을 의미한다.

있다:

a. 남자가 아직 자유민 여성과 결혼하지 않은 경우

b. 남자가 충동을 자제하지 못할 경우

c. 남자가 결혼지참금을 지불하지 못할 경우

d. 그 노예가 이슬람으로 개종한 경우

e. 자유민 여성은 가족의 동의가 있으면 노예와 본인의 자유의사에 따라 결혼할 수 있다.

조항 29 항만장(syahbandar, 샤반다르)은 무역을 위한 그릇이나 부셸(곡물이나 과일의 중량 단위로 8갤런에 해당하는 양)의 단위를 정한다.

조항 30 이자(利子)는 불법이다. 사업자는 성년이 된 정신건강한 자로서, 사업신고를 하여야 한다. 판매하는 상품은 깨끗하고 순수해야 하며, 자신의 것(훔친 것이 아닌)이어야 한다.

조항 31.1 나무는 판매된 땅의 일부분이다. 농경지가 판매되면, 첫 번째 수확은 이전 소유자의 것이다. 그 이후에는 새로운 소유자에게 속한다.

31.2 손상된 상품이나 불구가 된 노예는 반환할 수 있으며, 만일 그럴 경우 신속히 이루어져야 한다.

조항 32.1 파산자는 부채가 정리될 때까지 재산을 사용할 수
            없다.

      32.2 협상이나 타협으로 해결책을 찾을 수 있다.

      32.3 대출 보증도 허락된다.

      32.4 대출 문제에 대한 논의

조항 33   사업자금을 타인에게 빌려주는 것에 관한 법

조항 34   신용에 관한 법

조항 35   서약에 관한 법은 신에 대한 서약과 사람에 대한
           서약으로 나누어진다.

조항 36   배교(背敎)에 관한 법. 회개를 거부하는 것은 중대
           범죄이다.

조항 37   이슬람에 기초한 증언법

조항 38   서약을 포함한 배상청구에 관한 논의

조항 39   살인에 관한 법. 만약 살인자가 사춘기를 지났고,

의도적으로 그러했다면, 살인자는 중형에 처한다. 그러한 벌은 무슬림이 이교도를 또는 자유민이 노예를 죽이는 경우에는 해당되지 않는다.

조항 40 불법적인 성관계에 대한 이슬람의 법학은 두 개로 구분된다: 간음과 간통. 간통의 경우 돌로 쳐 죽일 수 있으며, 간음은 100대의 태형에 처한다. 만약 간음이 노예에 의해 저질러졌으면, 그 또는 그녀는 50대의 태형에 처한다. 수간(獸姦)은 사람의 경우와 똑같은 형벌에 처한다.

조항 41 증인 없이 다른 사람을 모욕죄로 고소하는 사람은 80대의 태형에 처한다.

조항 42 술취한 사람은 자유민의 경우 40대의 태형, 노예의 경우 20대의 태형에 처한다.

조항 43.1 노예가 소유자의 인지하에 고용된 후 사망하였을 경우, 그 고용자는 소유자에게 피해의 1/3을 배상하여야 한다. 인지하지 못한 가운데 고용되었을 경우에는, 노예의 절반 가격을 배상해야 한다.

43.2 정부 관리는 최대한의 서비스를 제공해야 한다.

43.3 소유자는 그들의 곡식과 가축을 돌봐야 한다.

43.4 잃어버린 물건을 찾는 것에 관한 법

43.5 강간에 관한 법

43.6 상품 몰수에 관한 법

43.7 도박자에 관한 법

43.8 부채를 진 사람에 관한 법

조항 44.1 빚을 갚지 못한 자는 채권자에게 빚에 해당하는 만큼 일해야 한다. 그의 아내는 이 합의에 관여하지 못한다.

44.2 반환을 요청하는 노예상은 전체 금액을 지불해야 한다.

44.3 왕실의 노예를 취하는 자유민은 노예로 만든다. 만약 노예가 왕실의 노예를 취하면 100대의 태형에 처한다.

44.4 이 형법을 결정한 왕은 술탄 무자파르 샤이다.

44.5 상업문제에 관한 항만장(샤반다르) 관련 사항

44.6 노예 도둑에 대한 처벌. 도둑은 노예의 값에 따라 처벌한다.

44.7 평민은 금으로 된 발찌를 찰 수 없다.

44.8 이 법은 짐(Jim)의 해인 1218H 샤반(Sha'ban) 16일, 수요일, 10시에 정해졌다.

44.9 '항 시디 아흐마드'라는 이름의 환관이 벤탄에서 포
로에 관한 술탄 마흐무드 샤의 명령을 수행한다.

44.10 로열티에 대한 벌금

44.11 이 법은 모든 국가에 적용된다. 이 법에 복종하지
않는 것은 최고 통치권자에 복종하지 않는 것이다.
이 법은 술탄 마흐무드 샤로부터 23명의 왕에게 그
대로 위임되었다.

(『말레이 술탄국의 행정: 출현과 영광』)

2 말라카 해사법(海事法)은 술탄 마흐무드 샤의 통치시기에 도입되었다.

그것은 말라카에서 가장 뛰어난 세 명의 선장, 즉 자이날,
데와리, 그리고 이사학에 관한 것으로 파티흐 하룬과 파티흐 엘
리아스에 의해 기술되었다. 완성된 후 그 법은 세리 마하라자 툰
무타히르가 정독할 수 있도록 보고되었다. 마침내 그 법은 술탄
마흐무드 샤의 재가를 받았다. 세 명의 선장, 즉 자이날, 데와리,
그리고 이사학은 나중에 각각 상 나야 디라자, 상 세티아 디파티,
그리고 상 우트마 디라자라는 이름으로 알려졌는데, 해사법을
수립하기 위한 그들의 헌신을 기리기 위해서였다. 이 법은 25개
의 장과 8개의 부속서로 이루어졌다.

1장 이 장은 범선과 일반 배의 규칙을 정하기 위한 것이다. 선상에서 선장은 왕과 같다. 조타수는 총리와 같다. 주루바투(Jurubatu)*는 테멘궁과 같다. 우현(右舷)이나 항구 쪽에 있는 갑판 장교는 목수나 보수를 책임지는 투캉 아궁(tukang agung)**과 함께 일하는 환관과 같다. 돛 조정자(sail trimmer)와 선장 보조원들은 선장의 직접 지휘 아래에 있다. 아왁 페라후(Awak perahu)는 선원들이다. 간부의 명령을 거부하는 선원은 첫 번째와 두 번째 위반에 대해 각각 7대 및 4대의 태형에 처한다. 돛 조정자와 선장 보조원들이 명령을 거부하는 경우 3대의 태형에 처한다.

2장 선상에서 간통을 범하는 자는 사형에 처한다. 만약 그 사통이 결혼하지 않은 사람 간에 일어났다면, 100대의 태형에 처하고 결혼시킨다. 결혼하지 않으면 1파하(paha) 1테일(약 188.99그램)의 벌금에 처한다.

　• 자유민과 여자 노예 사이의 사통은 노예 몸값에 해당하는 벌금에 처한다. 만약 그 노예가 소유자에게 아내와 같은 역할을 하고 있었다면, 그는 벌금이나 사형에 처해질

---

*　측연수(測鉛手)나 2등항해사에 해당하는 업무를 담당하는 관리에 대한 말레이 용어
**　갑판장의 직무 범위와 유사한 업무를 담당하는 선원에 대한 말레이 용어

수 있다.

- 선원의 아내와 사통할 경우 중형에 처해질 수 있다. 그 남편이 아내에게 형을 내린다. 만일 그가 거절하면, 아내는 선장이 관리하는 노예로 삼는다.
- 두 명의 노예가 사통한다면, 전체 선원들이 그들을 두드려 팰 수 있다.

3장   선장이 어떤 선원에게 육지에 상륙하여 물품을 구하도록 명령하면, 그 선원은 획득한 물품을 선원들에게 일부씩 나누어 주어야 한다.

- 선원이 개인적인 용무로 상륙해서 이득을 얻을 경우, 선장은 그 이익의 2/3에 대한 권리를 가진다.
- 선장이 상륙해서 이익을 얻을 경우, 전체 선원들은 1/4에 대한 권리를 가진다.
- 키위(kiwi, 도매상인)*가 상륙해서 도망가는 사람을 붙잡을 경우, 선장은 이에 대한 정당한 권리를 가진다. 만약 키위가 이익을 얻는다면, 선장은 이에 대한 5/6의 권리를 가진다.
- 키위가 예기치 않게 재산을 얻게 되었을 경우, 선장은

---

* 상품을 보내고, 유통시키는 여행 상인. 현대 언어로 '키위(kiwi)'는 중간 상인이나 도매상으로 불릴 수 있으며, 이들은 공급자와 가격 협상을 하고, 상품을 판매하거나, 유통하는 역할을 한다.

1/3의 권리를 가진다.

• 제3자가 이익을 획득하면, 선장은 절반에 대한 권리를 가진다.

• 어떤 사람이 선장 덕분에 육지에서 이익을 획득할 경우, 선장은 이에 대한 2/3의 권리를 가진다.

• 노예가 육지에서 이익을 획득한 경우, 선장은 그 전체에 대한 권리를 가진다.

4장   모든 포로는 선장에게 인도되어야 한다. 노예 소유자들은 각각의 값을 선장에게 치러야 한다. 만약 주인이 나서지 않는 경우, 선장은 노예에 대한 권리를 가지지만, 원 주인에게 수익의 절반을 주어야 한다.

5장   좌초를 당한 사람을 도와줄 경우의 대가는 1/2테일이다. 모든 자산은 신고되어야 한다. 만약 숨겨둔 물건이 있을 경우, 선장이 이를 몰수할 수 있다.

• 미리 동의한 장소에 도착하기 전에 배에서 뛰어내리는 자유민은 금 1/2테일의 벌금에 처할 수 있다. 그 비율은 노예에 대해서는 1파하(paha)이다.

6장 배에 승선해서 욕을 할 경우 타지르(ta'zir)*와 자다(jadah)**로 벌할 수 있다. 어떠한 항의도 원래 벌칙보다 가중될 수 있다. 처벌은 사과에 대한 예방적인 경고로 남는다.

7장 승선 이후 다음의 네 가지 위반은 중형에 처한다.
a. 선장을 배반하는 행위
b. 선장, 키위, 하사관, 또는 조타수를 죽이자고 선원들을 선동하는 행위
c. 다른 사람은 차고 있지 않은데, 허리에 크리스 단검을 차고 있는 행위
d. 무례함

8장 어떤 사람이 금으로 빚을 지고 있다면, 그는 소유자를 위해 3년 3개월 3일을 봉사해야 한다. 봉사를 빨리 끝내기를 원한다면, 10%의 세금이 부과된다. 만약 그가 10%의 세금 내기를 거부하면, 그는 배를 떠날 수 없다.

9장 말림(malim, 수로 안내인, 도선사)***이 배에서 특별한 공간을

---

* 40대 이하의 태형에 해당하는 처벌
** 벌금에 처하는 처벌
*** 수로 안내인이나 도선사의 역할과 비슷한 업무를 담당하는 간부에 대한 말레이 용어

제공받는다면, 그는 페탁(petak)*의 절반을 가지게 된다. 그의 보조인은 3테일의 금을 받게 되거나, 말림 안긴(malim angin)**은 2와 1/2의 금 테일을 받게 된다. 말림 안긴은 말림이 지명한다. 말림 안긴은 갑판장 부관(boatwains's mates)에게 명령을 전달하고, 이는 우현(右舷)이나 항구 쪽에 있는 하사관들에게 전달된다. 말림 안긴은 또한 배의 장비와 로프가 모든 선원에게 배포되기를 기다린다. 자기의 자리를 떠나는 사람은 누구나 4대의 회초리를 맞거나, 4 파쿠 피티스(paku pitis, 15세기에 말레이에서 사용된 동전의 통화 시스템)의 벌금에 처한다.

• 말림의 임무는 항해와 바람, 그리고 물결의 변화를 관찰하는 것이다. 여행의 안전을 기도하는 것도 포함한다. 그는 목적지에 도착할 때까지 배를 떠나서는 안 된다. 만약 그가 항해하는 배를 떠나기를 희망하면, 그는 두 배를 지불해야 한다. 이 지불에는 10%의 세금이 붙는다. 만약 그의 지불이 약속에 의한 것이면, 그것은 채무로 간주된다.

10장 키위(중개상인)가 배의 항해에 참여하는 것에 대해 설명하는 법

---

* 상품 보관을 위한 칸막이를 특정하는 말레이 용어
** 함교(艦橋) 간부(conning officer)의 직무와 유사한 업무를 담당하는 간부를 지칭하는 말레이 용어

- 키위는 배에서 페탁(물건 창고)을 대여해야 한다.
- 선장의 자산을 관리하는 것을 도와주는 키위에게는 배에서 1페탁이 주어진다.
- 키위는 배에서 7~8개의 페탁을 대여할 수 있다.
- 페탁을 임차할 수 없는 키위는 특정 장소에 도달할 때 수익의 20~30%를 나눠 가지는 것에 동의해야 한다.
- 물키위(mulkiwi, 우두머리 중개상)는 책임자이기 때문에 보유하고 있는 것의 절반(1/2페탁)을 가질 수 있는 권한이 있다.
- 국가의 관리(官吏)는 8페탁을 임차하는 사람에게 세금을 부과한다. 두 조각으로 된 바닥 범포(帆布, 돛의 천)를 가지고 있는 페탁에 대해서도 세금이 부과된다. 지불은 등나무(rattan)로 할 수 있다. 한 개의 등나무 고리는 두 장의 옷감에 해당된다.
- 세금을 내는 키위는 국세(國稅)의 대상이 아니다. 우두머리 키위는 모든 문제를 다루기 위해 키위들의 모임을 소집한다.

11장 선장은 폭풍이 몰아칠 때 물건을 배 밖으로 집어 던지기 전에 모든 선원의 동의를 받아야 한다. 선장의 동의 없이 물건을 버릴 경우 그 물건 값에 해당하는 벌금을 부과한다.

12장 선장은 배가 충돌하였을 경우 가장 가까운 국가의 법관에게 이를 보고하여야 한다. 그 일이 폭풍우 시기나 밤에 일어났다면, 해당 선장은 피해액의 2/3를 지불해야 한다. 대낮에 일어났다면, 선장은 손실된 상품 전체 금액에 대한 책임을 진다.

13장 어떤 선박이 순찰선으로부터 도망가면, 배에 탄 모든 사람이 벌금을 내거나 노예가 될 수 있다.

• 전쟁 중인 국가들은 판매된 상품(trading cogs)에 대해 세금을 부과할 수 있다.

14장 발라이 린탕(Balai Lintang, 우현 홀)은 회의를 위한 곳이다. 발라이 부즈르(Balai Bujur, 본관 홀)는 무다-무다(muda-muda, 젊은이들) 또는 개인 경호원들을 위한 곳이다. 이 지역을 지나가는 사람은 태형에 처해질 수 있다.

• 선장은 페테라나 라왕(Peterana Lawang, 성당처럼 생긴 특별한 장소)에 있어야 한다. 다른 사람이 이곳에 무단으로 있으면 6대의 태형에 처한다.

• 제일 높은 뱃머리 홀과 베란다는 우현 담당자와 항구 관리들을 위한 곳이다. 이곳을 무단으로 지나가는 사람은 3대의 태형에 처한다. 키위는 먹을 물과 나무를 모으는 것을 쉽게 하기 위해 조그만 배를 끌고 다니는 것이 허용된다.

15장 경비병 및 보초수의 의무

- 보트 또는 선박에 있는 인질이나 포로의 보호
- 경비 임무는 교대로 수행해야 한다.
- 부주의한 경비병은 60대의 태형에 처한다.
- 모든 경비병 교대는 조타수와 투캉 아궁(tukang agung)이 알아야 하며, 북을 사용해서 모든 선원에게 알려야 한다. 모든 경비병들에게 밤에 깨어 있기 위해 아편이 제공된다.
- 배가 경비병의 부주의로 표류하거나 좌초될 경우, 20대의 태형에 처한다.
- 물이 배 안으로 들어오면 특수 선원들이 물을 양동이로 퍼내야 한다. 경비병은 15대의 태형에 처한다.
- 경비병이 잠이 들거나 다른 배가 접근하는 것을 알지 못한 경우, 7대의 태형에 처한다.

16장 무다-무다(muda-muda)는 배를 몰고, 전투하고, 배가 항구에 정박할 때 선장을 동행해야 한다.

17장 어떤 사람이 배에 타려고 사다리에 오르다가 다친 경우, 선장은 벌금에 처하고, 치료비를 지불해야 한다.

- 노예가 사다리에 불을 냈을 경우, 그 노예는 피해에 대한 보상을 하거나, 4대의 태형에 처한다.

18장 선원이 선미나 닻에 있는 동아줄을 끊은 경우 4개의 자바 (Java) 파쿠 피티스(paku pitis)의 벌금에 처한다.

19장 배에서 크리스 단검을 칼집에서 빼는 행위는 사형죄에 해당된다. 그러나 금 1테일과 5개의 자바 파쿠 피티스가 부과될 수도 있다.

　• 크리스 단검을 뽑지 않고 휴대한 채 싸우는 경우에도 사형죄나 2개의 락사(laksa, 15세기에 말레이에서 사용된 통화 시스템)와 7개의 자바 파쿠 피티스의 벌금에 처한다.

　• 키위가 선장을 선미에서 공격할 경우 사형이나 4개의 자바 파쿠 피티스와 한 마리의 물소 벌금에 처할 수 있다. 배가 도시에 도착한 이후, 키위는 선장을 포함하여 배에 탄 모든 선원들에게 먹을 것을 주어야 한다.

20장 일단 배가 항국에 도착하면, 선장은 항구에서 첫 4일 동안 무역이나 영업을 할 수 있다. 그다음 이틀은 조타수와 키위를 위한 날이다. 7일째와 그 이후는 나머지 선원들과 승선객들을 위한 날이다. 누구도 선장이 이미 구입한 상품은 더 높은 값으로도 살 수 없다.

　• 선장은 신고하지 않은 노예나 좋은 품질의 상품, 새로운 여자 노예를 발견하면 압류할 수 있다.

　• 선장은 선원과 승객들의 동의 없이 아무 곳에나 중간

기착할 수 없다.

- 선장은 항해하기 전에 조타수, 2등항해사(jurubatu), 그리고 갑판장(tukang agung)의 동의가 필요하다.

21장 선원은 1코얀(koyan, 약 40개의 묶음에 해당하는 곡물의 무게)의 적재 용량이 허용되고, 3등항해사는 2코얀의 적재 용량이 허용된다. 선박의 면적이 4패덤(8미터)이면, 적재 중량은 양자 모두 동일하다. 선박의 면적이 3패덤(6미터)이면, 선원들의 적재중량은 300부셸(2,400갤런*)이고 다른 사람들은 600부셸(4,200갤런)이다.

22장 이 법은 자이날, 데와리, 그리고 이사학(Isahak) 선장의 도움으로 파티흐 하룬과 파티흐 엘리아스에 의해 기초되었다. 툰 무타히르가 재검토하였고, 술탄 마흐무드 샤가 승인하였다.

23장 범선 소유자는 계절풍이 불 때까지 출항을 멈추어야 하며, 키위는 출항 때까지 7일을 기다려야 한다.

- 선장이 항해를 거절하면, 벌금에 처한다. 계절풍 기간이 끝나면, 페탁(petak) 대여비는 다시 키위에게 환불해야

---

* 갤런(gallon): 액량 단위로서 영국, 캐나다를 포함한 다른 나라에서는 4.5리터, 미국에서는 3.8리터.

한다.

- 키위가 도착하지 않았으면, 선장은 7일간 기다려야 한다. 8일째에 선장은 키위 없이 항해해야 한다.

- 계절풍 바람이 지속되면, 선장은 또 한 주를 기다려야 한다. 선장은 계획된 모든 키위가 타지 않더라도 출항할 수 있다.

- 어떤 배가 돛을 올리고, 조종 돛을 내리고, 모든 장비를 준비하였으면, 출항해도 된다는 의미이다.

- 선원들은 선장이 기다리는 7일 동안 승선해야 한다. 조타수는 10일 내에 탑승해야 한다. 계절풍이 바뀌면, 선원들은 3일 내에 승선해야 하고, 만약 승선하지 않으면 항구에 남게 된다.

- 이 규칙을 어기게 되면, 선장의 허락을 받아야만 용서받고 명령을 따를 수 있다.

24장 키위가 항해 중에 아무 곳에나 하선할 경우, 선장은 그들을 멈출 수 없다.

a. 키위가 선장과 다투었을 경우 그의 임차비의 1/4 벌금에 처한다.

b. 선원이 아플 경우, 5일에서 7일간 휴식을 준다. 그런 이후 그의 임무를 대체할 다른 사람을 고용해야 한다. 만약 그를 대체할 다른 사람이 없으면, 그의 봉급은 다른 선원

과 심지어 승객들에게 분배된다.

25장 원래 이 법은 베라힘(Berahim)이 그 나라에서 사업을 하
기 위해 다툭 수부(Datuk Subuh)에 정착한 라비 울-악
히르(Rabi' ul-Akhir) 8일 금요일에 선지자 이주(Prophet's
Migration)의 해인 드잘 아왈(Dzal Awal) 1083년을 고려하여
마울라나(Maulana) 씨가 기초하였다.

(『말레이 술탄국의 행정: 출현과 영광』)

○ **말라카 시대에, 여행자의 안전은 선원의 의무였다.** 만약 여
행자가 어떤 곳에 항해하고자 하였으나 다른 곳에 도착한 경
우, 그의 안전은 일체 추가 비용 없이 목적지를 바꾼 모든 사
람들에 의해 보장되었다.(『말레이 술탄국의 행정: 출현과 영광』)

○ **모든 불은 사용한 후 꺼야 한다. 음식이 준비되면, 불은 꺼
야 한다.** 장비를 훼손할 정도로 배 위에서 불을 낸 사람은 태
형 2대에 처할 수 있다. 만약 노예가 이런 손상을 끼치면, 경
고의 뜻으로 소유자의 몸에 재를 칠한다.(『말레이 술탄국의 행정:
출현과 영광』)

○ **도둑질한 경우 귀족에서 노비에 이르기까지 모든 사람은 벌
을 받는다.** 이 처벌은 국가에 따라 다르다. 만약 노비가 도둑

질로 잡혀서 확정이 되면, 그는 신체의 일부가 잘리는 형을 받는다. 도둑질한 노예를 집에 숨겨주는 행위는 벌금의 대상이 된다.(『말레이 술탄국의 행정: 출현과 영광』)

○ **말라카 시대에 선원들의 임금은 목적지에 따라 결정되었다.** 무역선이 안전하게 자바에 도착하면, 모든 선원들은 각 페탁(petak)당 500개의 동전과, 두 줄 쳐진 돛천, 그리고 등나무 고리 하나를 지급받는다. 배가 더 먼 비마(Bima)에 도착하면, 똑같은 탁송화물에 대해 600개의 자바 동전과 등나무 고리 반 개가 지급된다. 그러나 티모르(Timor)에 대해서는, 자바까지의 탁송화물당 700개의 자바 동전이 주어진다. 마카사르(Makassar)로의 여정에는 각 페탁당 2부셸, 세 줄 쳐진 돛천, 그리고 등나무 두 고리 등 비싼 가격이 형성된다. 탄중푸라(Tajung Pura)로 가는 데에는 자바나 티모르와 똑같은 탁송화물에 대해 600개의 자바 동전에 해당하는 비용이 든다.(『말레이 술탄국의 행정: 출현과 영광』)

○ **누구든 배의 베란다를 배회하는 자는 벌금에 처해질 수 있다.** 선미로 다리를 내밀면, 태형 7대 및 금 1파하(paha)와 1테일의 벌금에 처해질 수 있다. 그런 행동은 선장과 선원에 대한 무례한 행동으로 간주된다. 뱃머리 쪽에서 거울을 사용하는 것은 선장에 대한 스파이 행위로 벌금에 처한다.(『말레이 술탄

국의 행정: 출현과 영광』)

○ **사람이 낚시꾼의 소유가 될 수 있다.** 만약 어떤 사람이 배에 탄 낚시꾼과 낚시줄을 당기면서 장난치다가 낚시줄에 걸리게 되면, 그는 낚시꾼의 어획(漁獲)으로 간주되며 전적으로 낚시꾼의 소유가 된다.(『말레이 술탄국의 행정: 출현과 영광』)

○ **배에 들어오는 물은 물동이로 퍼내야 한다.** 선장, 조타수, 그리고 2등항해사(jurubatu)를 제외하고, 배에 탄 모든 사람들은 물을 밖으로 퍼내야 한다.

조타수는 뱃머리에서 선미까지 어느 곳에도 물이 들어오지 않도록 관찰해야 한다. 또한 그는 예인선에 대한 모든 수리 도구와 로프의 관리 책임을 진다.

2등항해사는 배를 관찰하고 닻줄 도구와 로프를 관리해야 한다. 배가 정박하면, 그는 모든 물을 제거해야 한다. 배를 표류하게 하고, 충돌하게 하는 고장난 닻은 그의 책임이다. 누구든 닻줄에 불을 내는 자는 로프에 끼친 손해 정도에 따라 태형에 처한다.(『말레이 술탄국의 행정: 출현과 영광』)

11

말라카와
이슬람

1   말라카 모스크는 술탄 만수르의 궁전 옆에 지어졌다.

이 모스크는 공적인 사회활동에 중요하였다. 그의 통치 이전의 모스크는 확인할 수 없다. 그러나 말레이 문서에 따르면, 두 명의 술탄이 모스크 건설에 관여하였다. 바로 만수르 샤와 마흐무드 샤였다. 포르투갈인들이 대모스크를 허물어 버린 이후 마흐무드 샤는 재임기간 중 캄파르에 새로운 모스크를 세웠다.

이 특별한 모스크는 수마트라에 있는 마스지드 크브로 캄파르(Masjid Kubro Kampar, 캄파르 대모스크)로 알려졌다. 쿠브로 모스크는 비록 원래의 구조를 여전히 유지하고 있기는 하지만, 대규모 수리를 했다고 한다.(『말레이 술탄국의 행정: 출현과 영광』)

2   말라카 모스크는 단단한 돌로 지어졌다.

대모스크는 술탄 만수르의 통치 기간 중에 돌로 지어졌다. 그 구조는 단단하고 지구력이 있었으며, 당시에는 공공건물도 나무로 지어졌기 때문에 다른 건물들과는 비교가 되지 않았

다. 그 건물의 벽은 이슬람교도들이 편안하게 기도할 수 있도록,
술탄이 하사한 귀중품들과 함께 장식용으로 흥미 있는 조각들이
새겨져 있었다.(『인도의 전설』)

3 이스칸다르 샤의 통치기간에 수니파 학자들이 대거 말라 카에 거주하였다.

파사이에서 온 학자들은 말라카의 초기 이슬람 시기에 중
요한 역할을 하였다. 그들은 사업을 영위하면서 이슬람을 현지
인들에게 전파하였다. 그들의 종교와 경제에 있어서의 영향력은
일반인들과 귀족들의 이슬람 학자들에 대한 공적인 인식을 높여
주었다.

또한 학자들은 말라카 사람들을 조직화된 문명으로 인도함
으로써 사회수준을 높이는 데 기여하였다. 고리(高利)에 대한 금
지, 그리고 가족 제도에 대한 지침 등과 같은 이슬람의 샤리아
법은 사람들이 이슬람의 가치를 인식하도록 만들었다.(코르테장
Cortesão의 『동쪽으로 가라』)

4 파사이(Pasai) 지역은 지혜로써 말라카의 이슬람화를 이루
　　어내었다.

　　파사이의 이슬람 국가는 피 한 방울 흘리지 않고 성공적
으로 말라카에 전교의 바람을 불어넣었다. 파사이국은 모든 사
람들에게 이슬람의 가르침과 안내를 위해 학자들을 적극적으로
파견하였다. 웅변술과 지식에 있어서의 그러한 통달은 말라카
사람들 사이에 많은 자기반성적인 질문들을 생기게 했고, 이에
대해 파사이 학자들은 신속하게 대답했다.

　그들의 뛰어난 지식은 공적인 영역에서 이슬람 문화를 받아들
이도록 바꾸어 놓았다. 이들 학자들의 가장 큰 업적은 술탄 이스
칸다르 샤(파라메스와라)가 파사이의 공주와 결혼하도록 한 것이
었다. 파라메스와라가 이슬람을 받아들인 이후 말라카의 귀족과
평민들도 계속 그 뒤를 이었다.(『말레이 술탄국의 행정: 출현과 영광』)

5 셰드 압둘 아지즈(Syed Abdul Aziz)는 말라카에서 개종한
　　첫 번째 술탄이었다.

　　그는 제다(Jeddah) 출신인 것으로 여겨졌다. 그의 개종은
1414년 파라메스와라와 파사이 출신 공주의 왕실 결혼과 관
련되었다. 그 후 두르 알-만줌(Durr al-Manzum)과 움 알-바라힌

(Umm al-Barahin) 같은 종교서적들이 아부 이샥 알-쉬라지(Abu Ishaq al-Syirazi)와 알-사누시(al-Sanusi)에 의해 각각 쓰인 이후 말라카 전체에 광범위하게 보급되었다.

이 책들은 또한 아체와 리아우에서 이미 가르쳐지고 있었다. 말라카에서 이슬람의 확산은 나중에 똑같은 종교적 자극을 켈란탄, 테렝가누, 그리고 파항에도 주게 되었다. 제국의 경제는 외국 이슬람 상인들의 상업적 참여로 인해 번성하였다.(『말레이 술탄국의 행정: 출현과 영광』)

6 말라카는 동남아 전체에 이슬람을 전파한 말레이 국가였다.

말레이 군도에 이슬람이 전파된 것은 파사이와 북수마트라에서부터였다. 그곳은 남(南)아라비아와 가까웠기 때문에 지리가 큰 역할을 하였다. 또한 서아시아에 우마이야 왕조와 나중에 아바스 왕조의 출현으로 인한 정치적 발전은 무역상인들과 함께 선교사들이 이슬람을 전파하도록 하는 일련의 움직임을 촉발하였다.

파사이가 이슬람을 받아들인 이후 테렝가누, 파항, 그리고 켈란탄과 같은 주변 국가들이 사회가 발전함에 따라 그 뒤를 이었다. 그러나 개종은 통치자와 귀족들을 제외한 일반인들만 했기 때문에 상대적으로 중요성이 덜하였다.

그런데 말라카의 첫 왕이 이슬람을 수용한 후 상황은 바뀌었다. 처음으로 이슬람을 수용한 말레이 국가들도 확장되었다. 말레이 정부는 새로운 지역에 정착하기 시작하였고, 이슬람의 가르침을 지지하였다.(『말레이 술탄국의 행정: 출현과 영광』)

7 말라카에서 수니파와 시아파가 충돌하였다.

시아파는 훨씬 큰 그들의 상대편(수니파)보다 더 일찍 말라카에 도착하였다. 이는 해외에 있는 우마이야 왕조의 압력 때문이었을 것이다. 이들 후세인 이븐 알리의 광신도들은 시아파 이슬람의 아흘 바이트(Ahlul-Bayt)*를 너무 과장되게 미화하여 그들의 가르침이 이슬람의 덕목에서 벗어날 정도로 만들었다.

수니파는 라쉬둔(Rashidun)이 학자들을 비이슬람 지역에 보내고 두 명의 칼리프가 연이어 즉위한 이후 도착하였다. 그들은 이미 말레이에 기지를 구축한 시아파와 충돌하였다. 두 교파는 학문적, 지적 경쟁에 돌입하여, 상대를 몰아내기 위해 왕의 환심을 사려고 노력하였다.

그 영향으로 『부활의 날 상황이 얼마나 보이지 않는가(al-Kaayf

---

* 아흘 알 바이트(Ahl al-Bayt 또는 Ahlul-Bayt)는 이슬람의 예언자 무함마드의 가문을 일컫는 말이다 ―역주

al-Ghaibah fi Ahwal Yaum al-Qiyamah)』와『빛의 주기적인 케이크(al-Kaukah al-Durri fi al-Nur)』라는 책들이 각각 셰이크 자이날 아비딘 이븐 무하마드 알-파타니와 무하마드 이븐 이스마일 다우드 알-파타니에 의해 집필되었다. 이 두 학자들은 시아파 압둘라 아리프가 쓴『신학(Bahr al-Lahut)』이라는 책의 주제였던 "완전무결한 사람"과 "무하마드의 빛"에 대하여 뜨겁게 책에서 논쟁하였다.(『말레이 술탄국의 행정: 출현과 영광』)

8   말라카는 파사이에서 시아파가 제거된 이후 수니파를 수용하였다.

13세기에 터키의 수니파 오토만이 서아시아를 제패하였다. 이후 셰이크 이스마일 알-시디크는 파사이에 있는 시아파가 이슬람 교리에서 벗어나는 것을 응징하기 위해 메카에서 왔다. 파사이의 말릭 알-살리 왕이 샤피(Shafie) 수니파를 수용함으로써, 수니파가 동남아, 특히 말라카에 퍼지기 시작했다.

말라카 정부는 나중에 샤피 학파의 사상체계를 모든 곳에 도입하였는데, 그들 제국의 연방으로 된 곳도 포함되었다. 그들의 선교사들은 이후 샤피 학파의 수니 이슬람을 전파하였다.(『말레이 술탄국의 행정: 출현과 영광』)

9 술탄 알라우딘 자신이 이슬람을 파항, 캄파르, 그리고 인데라기리(Inderagiri)의 왕들에게 가르쳤다.

알라우딘은 술탄 만수르 샤의 아들이었다. 그는 강건한 신체를 가진 왕이었다. 그것 외에도, 그는 또한 이슬람에 강조점을 두면서 백성들을 위한 사회발전을 감독하였다.

술탄 무자파르 샤의 통치 기간 중 말라카 교회법은 간음과 고리대를 포함한 거래를 금지하고, 샤리아 법에 순응하는 결혼을 엄격하게 강제하는 절대적인 이슬람화를 추구하였다. 술탄 알라우딘 샤는 그 자신이 이슬람 종교를 다른 왕들에게 전파하겠다고 서약하였다. 어쨌든 그들 대부분은 그 자신의 가족들이었다. 말라카 왕족의 많은 혈통 중에 순례를 시작하기로 진지하게 계획했던 두 명의 왕 중의 하나였다.

기록에 따르면, 술탄 알라우딘 샤는 하즈(Hajj, 메카 순례)를 위해 새로운 항해 배들을 예약하였다. 그는 또한 메카의 대모스크에 바치기 위해 엄청난 양의 금을 싣고 갔다.(『말레이 술탄국의 행정: 출현과 영광』)

10 '다룰 만줌(Darul Manzum)'이라는 책이 술탄 만수르 샤의 명령에 의해 번역되었다.

마울라나 아부 바카르(Maulana Abu Bakar)가 그 책을 말라카 인들을 위해 술탄에게 바쳤다.

그러나 술탄은 파사이가 동남아 이슬람의 중심이 되기 전에 그곳에서 그 특별한 책을 번역하도록 명령하였다. 그의 명령은 논리적이었는데, 왜냐하면 마울라나 아부 바카르가 현지어(아랍어)로 전달한 이슬람의 지식을 말라카인들이 이해하고 넓혀야만 했기 때문이다.(『말레이 술탄국의 행정: 출현과 영광』)

11 이슬람 역사책이 말라카의 지식 창고에 들어왔다.

신학 이외에 역사학도 이 술탄국에 도입되었다. 말라카의 술탄들은 『무하마드 하나피아(Muhammad Hanafiah)의 영웅 전설』, 『아미르 함자(Amir Hamzah)의 영웅 전설』 같은 역사에 담겨 있는 교훈과 메시지를 매우 좋아했다. 이 두 권의 책은 생전에 유명했던 인기 있는 이슬람 인물들을 영원히 기억하게 하였다.

그들의 리더십, 지원, 그리고 전교(傳敎)를 통한 업적들은 말라카의 종교전파에 기본적인 지침이 되었다. 그들의 영웅적인 업적은 제국 군대의 필독서 목록에 들어 있었으며, 병사들을 격려하는 자극제가 되었다.(『말레이 술탄국의 행정: 출현과 영광』)

12   말라카는 칼로 이슬람을 전파하지 않았다.

동남아의 이슬람 전파는 주로 말라카로부터 조직된 비폭력적 활동을 통해서 이루어졌다. 그들의 영향력과 무역에 있어서의 물질적인 우위는 주변국들로 하여금 점차적으로 술탄국의 이슬람을 채택하고, 국교(國敎)로 삼도록 하였다.

이 문제에 있어서 말라카는 그들의 승리를 종교적 강제 형태로 몰아가지 않는 매우 모범적인 태도를 보였다. 데와 수라 황제는 비록 세리 비자 디라자에 의해 포로가 되었지만, 개종을 강요당하지 않았다. 비록 삼엄한 경비가 있는 곳에 놓이긴 하였지만, 황제는 심지어 감옥에 갇히지도 않았다. 이와 같은 대우는 술탄이 결코 다른 사람들에게 개종을 강제하지 않았다는 것을 보여 주었다.(『말레이 술탄국의 행정: 출현과 영광』)

13 말라카는 브루나이, 민다나오, 팔렘방, 파타니, 그리고 술루(Sulu) 지역을 개종시킨 이슬람 전파의 중심지였다.

그곳은 동남아 전체를 통틀어 중요한 전교의 중심지였다. 말라카 출신의 학자들은 말레이인들 사이에 힌두교와 불교를 축출하는 데 중요한 역할을 하였다.

마울라나 아부 바카르(Maulana Abu Bakar)는 말라카의 물적인 지원을 보장받고 다른 곳에 이슬람을 전파하기 위해 떠났다. 전교자들에게 돈은 절대적이었다. 말라카는 또한 카우 세리 방사(Cau Seri Bangsa) 왕이 이슬람을 받아들인 이후 파타니에 종교 서적과 학자들을 보냈다.

자바 사람들은 또한 이슬람을 말라카에 있는 왕궁, 대모스크 또는 학자들의 집에서 『나는 종교의 과학을 되살리고(Ihya Ulum al-Din)』, 『커리큘럼 요약(Talkhis al-Minhaj)』 그리고 『일신교(Tauhid)』와 같은 책들을 사용해서 공부하였고, 이 책들은 각각 이맘(imam, 성직자) 알-가잘리(al-Ghazali), 나와위(Nawawi), 그리고 아부 슈쿠르(Abu Syukur)에 의해 저술되었다.(『말레이 술탄국의 행정: 출현과 영광』)

14 술탄 만수르 샤는 이슬람을 채택한 부유한 무역상인들을 받아들였다.

그의 정책은 다양한 재능을 가진 모든 사람들을 높이 평가한다는 것이었다. 그의 주변에 있는 귀족들은, 특히 무역에 종사한 사람들은 이슬람을 받아들인 이후 귀족이 되었다. 이는 이슬람 국가들로부터 무역상인들을 끌어들였을 뿐만 아니라, 장기적으로는 말라카에 도움을 주었다.

무슬림 무역상인들의 가족들도 경제 부흥과 감사의 표시로 제국의 귀족들과 같은 대접을 받았다.(『말레이 술탄국의 행정: 출현과 영광』)

15 알부케르크(Albuquerque)의 말처럼 "말라카는 바로 메카였다."

이는 말라카 이슬람의 포교활동에 대한 포르투갈인들의 과장된 표현이었다. 술탄들은 동(東)미낭카바우(Minangkabau)와 자바의 포교활동을 재정적으로 지원하는 한편, 학자들과 선교사들을 받아들였다.

말라카가 함락된 한참 후에도, 이슬람은 동남아에 계속해서 퍼져나갔다.(『말레이 역사』)

16 마울라나 아부 바카르(Maulana Abu Bakar)와 카디 유수프(Kadi Yusuf)

이슬람이 처음에 말라카에 도착하였을 때, 마흐둠 알-아지즈(Makhdum al-Aziz)는 포교활동의 보호자였다. 그의 가족들은 선행을 계속하였고, 나중에 그의 증손자 유수프는 말라카의 카디(Kadi, 이슬람과 관련된 문제를 다루고, 판단하는 재판관)로 임명되었다.

마울라나 바카르와 같은 새로운 학자들이 말라카에 도착해서 도시와 제국에 종교를 전파하는 것을 도왔다. 카디 유수프는 나중에 사임하고, 그의 아들 카디 무나와르(Kadi Munawar)가 뒤를 이었다.(『말레이 역사』)

17 술탄 마흐무드 샤는 마울라나 유수프로부터 배웠다.

말라카는 교육을, 특히 귀족들의 교육을 우선시하였다. 기록에, 술탄은 기꺼이 전임 카디인 마울라나 유수프에 가까이 다가가서 공부하고자 하였다. 아주 먼 거리도 그가 왕족의 지위를 내려놓고 지식에 대한 사랑을 얻고자 하는 노력을 방해하지 못하였다.(『말레이 역사』)

18 마울라나 사다르 자한(Maulana Sadar Jahan)은 세리 마하라자 총리의 종교 스승이었다.

그는 제다 출신으로 말라카에 이슬람을 전파하기 위해 도착했다. 술탄은 그의 존재를 귀족 타이틀인 "마흐둠(Makhdum)"이라는 칭호를 내려 영예롭게 하였다.

마흐둠 마울라나 사다르 자한은 말라카의 총리와 귀족들을 가르친 스승이었다. 그는 술탄 마흐무드의 통치 기간 동안에 말라카에 있었던 학자들 중의 한 명이었다.(『말레이 역사』)

19 항 투아 제독은 1481년에 메카로 갔다.

로마와 터키에 무기를 구입하러 가는 길에, 그는 순례를 위해 메카에 들렀다. 이슬람의 다섯 번째 기둥을 완수*한 이후, 제독은 도시 방어를 위한 무기를 구입하기 위해 터키로 여행을 계속하였다. 항 투아 제독은 전술과 외교 능력으로 유명하였지만, 종교적인 배움에 있어서도 깊이 있게 파고들었다. 말라카 전역의 많은 학자들이 그의 여행에 동반하였다. 그 시대에는 정부에 있는 모든 사람들, 즉 술탄이나 가장 낮은 계급의 귀족들에 이르기까지 모두 당대의 학자들로부터 이슬람을 배우는 것이 의

---

* 이슬람력에서 12월에 카바(Kaaba) 신전으로 순례를 가는 것 ―역주

무화되어 있었다. 따라서 항 투아가 아나톨리아(현재의 터키)로 가면서 뭔가 종교적 기회를 활용한 것은 놀라운 일이 아니다.(『역사적 관점에서 바라본 항 투아』)

20 술탄은 해마다 대모스크에서 거행되는 라마단* 기도에 참석하였다.

술탄은 일반적으로 귀족, 평민들과 똑같이 라마다 기도 행렬에 참석하였다. 그의 터번이 행렬의 제일 앞에서 가도록 되어 있었다. 이 행사는 이슬람력 9월 27일 밤에 이루어지는 전통이었다.

테멘궁은 이 행렬이 진행되는 기간 동안에 최고의 경호태세를 갖추어야 했는데, 왜냐하면 그의 관청이 술탄과 터번을 안전하게 보호해야 했고, 술탄이 대모스크에서 사용할 도구에서부터 돗자리까지 모든 것을 준비해야 했기 때문이다.(『말레이 연대기』, 크루센스턴 판)

---

* 이슬람력에서 9월. 이 기간 중에는 일출에서 일몰까지 금식한다. ─역주

21 **술탄은 한때 엄청난 양의 금을 메카로 가는 길에 싣도록 하였다.**

그 보물은 자바에서 페구까지 정크선에 실어서 운반되었다. 또한 술탄 알라우딘 샤는 자신과 아버지를 위한 순례를 준비하였다.

술탄은 이슬람 전파와 정의에 집중하였기 때문에, 이 계획은 종교의 수준을 높이는 시금석이었다. 그러나 술탄은 갑자기 파고(Pagoh)에서 병이 들어 죽었는데, 독살 음모로 추정된다.

너무나 적극적인 그의 행동은 다른 귀족들과 불화하게 했고, 이것이 그와 같은 불행을 자초하였다. 그러나 그럼에도 불구하고 그 술탄은 독실한 무슬림이었다.(『동쪽으로 가라』)

파라하나 슈하이미 인터뷰

첫 번째로 묻고 싶은 중요한 질문은, 무엇이 당신으로 하여금 이 책을 집필하게 만들었는가 하는 것입니다.

저의 목표는 일반적이고 실제적인 자료에 근거하여 말라카와 관련된 사실을 드러내는 것이었습니다. 이 책은 이러한 요소들을 정리하였고, 간단한 문체로 독자들에게 다가갑니다.

이 책을 완성하기 위한 조사기간은 얼마나 되는지요?

대략 3년 정도입니다.

독자들에게 이 책이 어떤 중요성을 가지고 있다고 보시는지, 또는 달리 말하면 당신이 보시기에 이 책의 가장 적합한 독자층은 누구인지요?

이 책은 모든 사람들에게 중요합니다만, 공인된 사료에 근거하여 객관적으로 역사적 접근을 한 책이기 때문에 특히 말레이시아인들에게 중요합니다.

여러 가지 주제 가운데 '말라카와 사랑'이라는 주제가 흥미 있는데요, 우리가 보기에 결혼은 제국을 공고히 하기 위한 광범위한 수단이었기 때문입니다. 그러나 레당산(山)의 공주에 대한 청혼은 그런 정신을 가지고 있지 않아 보입니다. 귀하가 보시기에 왜 말라카의 술탄은 그녀와 그렇게 단호하게 결혼하고자 했을까요?

레당산 공주와의 결혼은 술탄 마흐무드가 이전에 했던 결혼들과는 다른 기대로 이루어졌습니다. 그와 같은 결혼은 술탄에게 힘과 위신을 상징하는 것이기 때문입니다. 모든 왕들이 가장 선망하는 여왕을 얻는 것이지요.

귀하의 관점에서, 왜 항 투아는 존재하지 않았다고 여겨지는 걸까요?

저는 그런 의견이 편견에서 비롯되었다고 봅니다. 사실을 너무나 모르고 있기 때문에 항 투아는 신화가 된 것이죠.

귀하가 볼 때, 왜 말라카는 끝도 없이 뜨겁게 논쟁이 되고 있을까요?

제 생각으로는, 이 끝없는 논쟁의 이유가 사실에 근거한 논쟁의 결여에 있다고 봅니다. 사람들은 소문이나 영화 같은 허구에 기초하여 마음대로 논쟁합니다. 이 책을 통해 그들을 현실적인 논쟁으로 이끄는 나침반 역할을 하고자 하였습니다.

말라카의 함락은 수도에만 국한된 것이었고, 제국 전체는 아니라는 관점도 있습니다. 포르투갈인들이 수도를 점령하였을 때 제국의 정부는 여전히 작동하고 있었습니다. 이에 대한 귀하의 코멘트는?

전체 제국이 아니라 항구 도시 말라카만 함락되었지요. 이러한 이유로 술탄 마흐무드는 말라카 영토와 보호국 내로 퇴각한 후에 도시를 되찾기 위해 공격을 재개할 수 있었습니다.

귀하의 추론으로 볼 때, 말라카의 영광은 말레이시아에 다시 재현될 수 있을까요?

모든 사실을 분석해 본 결과, 우리에게 뚜렷한 방향과 강력한 지도자가 있으면 그와 같은 영광은 말레이시아에 의해 충분히 재현될 수 있다고 생각합니다.

마지막으로 독자들에게 하고 싶은 말이 있다면?

저는 모든 독자들이 이 책에 나와 있는 사실들을 잘 소화할 수 있기를 진심으로 바랍니다. 또한 그것이 말라카와 관련된 다른 자료를 찾도록 하는 데 동기부여가 될 수 있기를 희망합니다.

독자들이 당신에게 어떻게 연락할 수 있을까요?

페이스북이나 인스타그램으로 연락하시면 됩니다. 저의 계정은 가딩 베르투아(Gading Bertuah)입니다.

참고문헌

Ahmat Adam. 2016. *Sulalatus Salatin*. Yayasan Karyawan. Kuala Lumpur.

A.Z. Cortesao.1944. *Suma Oriental*. University Press. Glasgow.

Correa Gaspar. 1976. *Lendas da India*. Kraus Reprint. Nendeln.

Hasanuddin Yusof. 2017. *Teknologi Kesultanan Melaka*. Cintai Publication. Seremban.

Hikajat Hang Tuah. 1956. Dinas Penerbitan Balai Pustaka. Djakarta.

Joao de Barros. 1567. *The Chronicle of the Most Happy King Dom Manuel of Glorious Memory*. Encyclopaedia Britannica.

Joao de Barros. 1945. *On the Deeds & Discoveries & Conquests Made by Portuguese in the Seas and Eastern Lands*. Agencia Geral das Colonias Lisboa. Lisboa.

J.V. Mills. 1930. *Eredia's Description of Malacca Meridional India and Cathay*. Malaysia Branch of the Royal Asiatic Society.

Mansel Longworth Dames. 1812. *The Book of Duarte Barbosa*. Hakluyt Society. London.

Microform. 1958. *Tawarikh Melayu*. Longman. London.

Riduan Ismail & Ismail Md Yaacob. 2016. *Riwayat Laksamana Melaka Hang Tuah Edisi Khas*. Arena Press Corporation Sdn Bhd. Kuala Lumpur.

Siti Hawa Salleh. 2012. *Hikayat Hang Tuah*. Perpustakaan Negara Malaysia. Kuala Lumpur.

Syed Zulflida S.M. Noor. 2001. *Pentadbiran Kesultanan Melayu Melaka Kemunculan dan Kegemilangan*. Arkib Negara Malaysia. Kuala Lumpur.

T.F.Earl. 1995. *Albuquerque Caesar Timur*. Penerbit Universiti Malaya. Kuala Lumpur.

Wan Abd Halim Bashah. 2017. *Hang Tuah Dari Perspektif Sejarah*. Penerbit Universiti Putera Malaysia. Serdang.

William Linehan. 1973. *A History of Pahang*. Malaysian Branch of the Royal Asiatic Society. Kuala Lumpur.